Ulrich ONGANIA

VOYAGE VERS L'HORIZON DU BONHEUR SANS VOYAGER

SOMMAIRE

En lisant minutieusement « **voyage vers l'horizon du bonheur sans voyager** » à vue d'œil, les quatre chapitres constituant la charpente de cette pièce de théâtre d'Ulrich Ongania, perce l'œil par l'envers du décor planté dès le premier chapitre. Celui-ci intitulé : « **Concertation en famille** » caractérisé par des personnages inénarrables qui parlent de rien et de tout dans le transport en commun. Dès le début, on ne saura dans quel paquebot ce texte au style assez particulier par la truculence des mots peignant à la manière d'une œuvre romanesque ; ce qui s'avère une pièce de théâtre au fil de la lecture. Et ce grâce à la virtuosité de l'auteur, que l'on peut affecter à ce genre dramatique, son sous genre tragi-comique, sorti des sentiers battus, comme ce magnifique soleil qui dissipe la brume pour éclaircir l'horizon. Effectivement ! L'horizon s'éclaircit avec le deuxième chapitre : « **Refus d'Eutaton de voyager** » qui, ipso facto, sort l'auteur de sa tanière pour éclairer la lanterne de

3

son lectorat avec les sempiternels maux qui minent le continent Africain dans son ensemble : népotisme, clientélisme, jeunesse sacrifiée, avenir brumeux, ou l'horizon est bouché par une jeunesse qui croit vivre dans des camps de concentration, un goulag à ciel ouvert, le tout sclérosé, l'air pollué dégageant une odeur fétide constituant donc, tous les moyens pour « quitter ses terres » pour aller faire fortune ailleurs. Conséquences, les familles s'entredéchirent à qui mieux mieux, les enfants voguant sur des rêveries folles à s'acoquiner avec des plus offrants et ce, par tous les moyens à cause d'une pauvreté sans précédent que l'auteur a su décrire dès le troisième chapitre : « **Baptême à l'esprit entrepreneurial d'Eutaton et les néologismes Pharaonisme et Hérodisme** » qu'il a ensuite mué en verbe du troisième groupe « Pharaonnir » et du premier groupe « Hérodiser ». Et tout ça là, c'est la création littéraire pour mieux enrichir les vocables de la langue française. Sacré Ulrich Ongania. Il n'est pas passé par le dos de la cuillère pour montrer les déboires de ces jeunes africains qui s'évertuent à tout prix, traverser ce que l'auteur à nommer ici « la Méditerramort » en référant à la mer Méditerranée constituant un vrai cimetière pour les jeunes africains. Ces derniers

4

obnubilés par les mirages de l'outre-mer que l'auteur lui-même, en dit mieux, avec ses propres sensations, ses propres mots pour « tuer » ces maux qui dépriment cette jeunesse désespérée. C'est ainsi qu'on évoque l'envers du décor dès les premières pages de cette œuvre, car l'auteur dans son style narratif révèle ce que tout le monde sait sous les tropiques que le paradis, le jardin d'Éden que les écritures saintes évoquent se trouve en Afrique. L'auteur a fait décidément comme Frantz Fanon, en tenant de prendre à bras le corps ce problème épineux, pour en faire profonde autopsie sur le plan psychologique, voire même psychanalytique, pour vraisemblablement ôter de la tête du nègre ce syndrome de Stockholm qu'on lui a inculqué pendant plus de six siècles aujourd'hui comme quoi, son continent est pauvre et les autres sont inéluctablement les pays riches. Tout ceci c'est du pompeux galimatias pour Ulrich Ongania ! Formidable pour l'auteur grâce à la puissance des mots pour « tuer » les maux, ce dernier a su démontrer que cette inversion machiavélique des rôles a été bien orchestrée et bien ficelée pour maintenir cette jeunesse comme des éternels abrutis. Et l'auteur en mettant le pied dans le plat en citant à la fin du texte l'actualité brûlante entre la Russie et l'Ukraine, il interroge tout le continent Africain sur sa place demain pour ce nouvel ordre mondial. Être libre ? Ou continuer à avoir des chaînes mentales pour continuer à demeurer à vie des « damnés de la terre » ? Dit-on que l'herbe est toujours verte chez le voisin comme en témoigne le dernier chapitre de cette pièce de théâtre, une œuvre à réminiscence parfois biblique qui encourage l'investissement et l'esprit de l'entrepreneuriat chez soi pour mieux permettre son épanouissement personnel tous azimuts et par ricochet celui du continent Africain qui ira avec lui. Ainsi donc, on peut dire, une véritable opération chirurgicale que l'auteur a faite en apportant quelques solutions pour l'essor du continent à découvrir dans cette œuvre de l'esprit.

Cyrille Gyldas KENABOMO LENDZO
Journaliste, écrivain, romancier et dramaturge
congolais

CHAPITRE 1

LA CONCERTATION EN FAMILLE

Il est cinq heures du matin à Massangou, un des quartiers périphériques de Cephaloville, capitale de la très démocratique république de Kôlô-kôlô. Visiblement tout le monde dort encore dans le quartier et l'atmosphère reste foncièrement marquée par le concert des chants des coqs, les cris perçants des oiseaux et le tout fracassé de temps en temps par l'aboiement des chiens. Bientôt les premières lueurs de l'aurore commencent à traverser les ténèbres combien épaisses de la nuit, pour s'introduire dans des maisons. Aussi, l'expression de ces lueurs ne cessaient graduellement de faire rayonner de leur blancheur, les murs de la pièce où monsieur **Pitcho** dormait paisiblement avec sa femme **Bolingo**. C'est dans ce contexte que monsieur Pitcho se réveille en sursaut à la manière de quelqu'un qui est pourchassé dans son sommeil. Brusquement c'est sa femme qui se réveille avec le réflexe de prendre sa main, tout en lui posant la question :

Bolingo : Que se passe-t-il mon mari ?

Pitcho: Il n'y a rien de spécial ma chérie.

Bolingo : Rien de spécial! Comment ça ? Alors, pourquoi cette drôle de façon de se réveiller ?

Pitcho : Ne t'en inquiète ma chérie ; encore une fois, il n'y a rien de spécial.

Puis, il marque une pause, Ensuite, renchérit-il avec un petit sourire aux lèvres :

Pitcho : Je suis pressé d'arriver aujourd'hui à temps au boulot. Cela pour la bonne raison que le chef a convié tous les travailleurs à prendre part à une réunion d'extrême importance. C'est dans cet intérêt que s'inscrit le sens de mon réveil inhabituel. L'idée est de tout faire, question d'arriver à l'arrêt de bus à un moment propice où j'aurai facilement le bus ainsi que d'éviter les embouteillages fous émaillant au quotidien la circulation dans la ville.

Sur ce, monsieur Pitcho balaie du regard leur chambre pour chercher l'horloge qui était suspendue au-dessus du seuil de la porte. Par la suite, il donne un baiser de la main à sa femme et lui murmure à l'oreille :

Pitcho : Je suis en retard chérie. Je vais donc devoir te laisser pour aller m'apprêter, afin de me rendre au travail.

Puis, il va précipitamment chercher un seau d'eau dans la cuisine, et il se dirige vers la porte de la maison. Comme il se met à l'ouvrir, celle-ci faisait énormément du bruit, tant elle faite de vieilles tôles fixées sur une carcasse métallique. Aussitôt après l'avoir ouverte, il prend son seau d'eau qu'il avait laissé à côté de lui et marche en toute hâte en direction de la douche. Celle-ci se trouvait derrière sa maison et offrait un décor désolant tant elle était construite à l'aide de tôles en lambeaux. Au reste, monsieur Pitcho habite une parcelle de terrain de vingt mètres carrés entourée à l'aide de bois avec une sortie aménagée et qui donne sur l'une des artères principales du quartier. Par ailleurs, sa maison était construite à l'angle gauche de la parcelle, elle regardait le côté de la sortie suscitée. C'était une maison en briques sans enduit avec de petites fenêtres fermées à l'aide des tôles fortement abîmées. Oh ! L'image de cette maison dénotait une image hautement marqué de la pauvreté qui caractérisait la vie de monsieur Pitcho. Que dire ? Une maison véritablement de pauvre !

Au bout d'un moment, monsieur Pitcho sort de la douche, et il s'affaire intensément dans la maison. Après s'être apprêté, il se dirige vers sa femme qui était en train de donner un coup de balai à la cour de la parcelle. Puis, il l'embrasse en signe d'au revoir et très rapidement il se retire, suscitant la réaction de sa femme en ces termes :

Bolingo : Tu ne m'as pas bien embrassée, tu sais ?

Pitcho: Évidemment parce que je suis totalement pressé, comme tu es censée le savoir. Eh bien chérie, ne t'en fait ; je vais me rattraper le soir. À mon retour je t'assure que tu en seras servie à satiété.

Sur ces mots, celui-ci se met à marcher en hâte en direction de l'arrêt de bus. Il était cinq heures et demie, quand monsieur Pitcho y est arrivé. À sa grande surprise, il trouve un nombre important de personnes qui attendent impatiemment les bus. Cinq minutes plus tard, un bus vient stationner et il va dans la même direction que monsieur Pitcho. Alors celui-ci est parmi les premières personnes à s'y engouffrer. En un instant, le bus est rempli de personnes et aussitôt après, le chauffeur démarre. Au fur et à mesure que le bus avance, les usagers parlent de tout et de rien. Ceci a duré jusqu'à ce qu'un monsieur assis à l'avant dernier siège prend la parole. Il le fait avec non seulement une voix pédagogique, mais une voix remplie d'autorité à la manière d'un pasteur en plein sermon, demandant aux gens de faire d'abord silence. Ensuite, il indique son prénom à l'auditoire, tout en poursuivant son propos en ces mots :

Madi : Veuillez m'excuser très chers amis, aînés, mamans et papas d'interrompre vos causeries. Aussi, veuillez m'excuser pour la nature de la remarque que je me permets sous peu de faire. Actuellement, il y a un sujet qui cristallise l'actualité sur la scène internationale, celui concernant le pays voisin de notre très démocratique république de Kôlô-kôlô : le dossier du Congo hold-up. C'est un dossier au sujet

11

duquel, les médias internationaux affirment tenez-vous bien : il y a eu la plus grande fuite de données bancaires que l'Afrique n'ait jamais connue. Concernant ce dossier hautement brulant, chers amis, aînés, mamans et papas, ma préoccupation est donc celle-ci : comment vous pouvez afficher une indifférence accrue ou totale face à un scandale d'une telle envergure ? Comment pouvez-vous laisser de côté un dossier si sensible, pour vous focaliser sur des questions non essentielles ayant fait l'objet de vos causeries de tout à l'heure ? Sachez en effet, que mon propos n'est pas fortuit ou anodin. Il tient au fait qu'avant ma prise de parole, j'ai dû promener mon oreille dans tout ce bus pour entendre la nature de différents sujets abordés. Malheureusement, ce n'étaient que des sujets presque inutiles qui étaient débattus. Nulle part, j'ai entendu des gens échanger sur une question d'une importance égale à celle que je vous soumets maintenant. Pour en venir précisément à l'objet de ce scandale : quand les médias, sur la base d'une enquête internationale incluant les institutions financières, ONG de renom, etc. déclarent qu'un président avec son cercle rapproché ont raflé une faramineuse somme de 138 millions de dollars destinés aux fonds publics.

Écoutez ! À mon humble avis, ce sont des choses par nature qui font grandement mal à la tête. Aussi, je me demande : comment de pareilles choses parviennent-elles encore à s'opérer dans notre monde si structuré et si économiquement moderne ? Oh ! Toutes les fois que j'entends parler de ce genre de forfaiture, il y a une question combien cruciale qui me vient sans cesse à l'esprit : de quoi ou de quelle matière est fait le cœur de la plupart de nos dirigeants africains ? Et le comble dans cet aspect des choses, se décline comme suit : pendant que ceux-ci se frappent le luxe de commettre ces crimes économiques, nos hôpitaux subissent l'hécatombe du fait qu'ils manquent cruellement de tout. Pour en avoir l'idée nette, je vous prie d'aller vérifier dans nos structures hospitalières y compris les CHU. Vous allez vous rendre compte tout de suite, qu'ils sont dépourvus de quoi même faire l'échographie aux patients. Outre cela, les retraités cumulent un nombre incalculable de mois impayés de pensions. Que dire de plus dans cette même optique ? Pendant qu'ils se livrent à cette gabegie financière, on assiste à la désagrégation très avancée de nos systèmes éducatifs. Entre autres, dans les écoles les enfants sont assis à même le sol, Elles manquent cruellement d'enseignants surtout qualifiés, nos universités manquent gravement des équipements nécessaires pour permettre aux apprenants de fixer leurs connaissances; pire encore, les étudiants cumulent un nombre impressionnant de bourses impayées, etc. Ce à quoi on assiste dans nos pays, pour le moins que l'on puisse dire, c'est vraiment pathétique ou c'est purement la sorcellerie politique ! Je ne sais pas, si je parviens à vous faire réaliser la pertinence ou la gravité de ce que je dis ici. Attendez ! Quand quelqu'un est président d'un pays, il ne l'est pas seulement pour sa famille. Autrement, on les appellerait président de la famille x ou y. Pourtant ce n'est pas sous cette enseigne qu'ils sont officiellement désignés. De ce point de vue, il y a vraiment lieu de nous interroger sur le concept du président de la république. Autrement, que nous inspire la noble fonction du président de la république. Par définition, il est le président de tous ses compatriotes ou mieux, il est le père de tous. Cela dit, autant un père dans un foyer s'emploie à assurer le bien-être de sa famille ; autant tout président a le sacré devoir de le faire sans discrimination pour ses citoyens. Malheureusement ce que font la plupart de nos dirigeants africains, c'est radicalement le contraire.

Pour revenir pleinement au contenu de l'enquête de Congo hold-up : chers amis, aînés, mamans et papas, voilà spécifiquement les choses qui devraient occuper nos conversations ou échanges dans un tel milieu : celui du transport en commun. Puisque ce milieu ainsi que bien d'autres de cet ordre, vus sous le prisme de l'évolution de nos cultures, ont pris sans doute une connotation singulière. Ils se déclinent dorénavant comme nos agoras. Dans le cas d'espèces, le lieu où nous sommes admet un sens de cadre d'échange réunissant généralement toutes les couches sociales :c'est là où nous avons pris l'habitude de traiter toutes les questions de la vie, mieux de la cité. C'est dans cette optique que je disais tantôt, qu'il fallût lever le niveau du débat. Ici, c'est le lieu pour nous de nous accrocher à l'essentiel et non aux sujets futiles qui du reste, n'auront aucune incidence sur la dynamique de redressement des choses dans nos pays. Je clos mon propos en disant: dans l'état actuel des choses, ce qui aurait dû cristalliser l'attention de tous, c'est la question du détournement massif de fonds publics révélée par l'enquête Congo hold-up. Avec un geste de la main agitée en l'air à la manière d'appuyer sa conclusion, il déclare : comme je l'ai dit précédemment, voilà ce qui devrait occuper nos conversations. J'en ai terminé et merci pour votre aimable attention.

Aussitôt qu'il finit de parler, un usager assis juste derrière le chauffeur prend rapidement la parole. Entamant son propos, il déclare à son prédécesseur : comme tu as bien su donner le ton en débutant ton intervention par te présenter, j'aimerais suivre cette même cadence, histoire de nous permettre de nous connaître les uns et les autres : ce qui naturellement est une bonne chose. Cela étant, je me prénomme **Élima,** alias le grand comédien pour les intimes. Ainsi, ma réaction à ton propos est celle qui suit :

Élima : Cher ami Madi, c'est avec attention soutenue que j'ai suivi ton discours panafricaniste et combien alarmant, au sujet de ce qui se passe en Afrique en général et concernant le dossier de Congo hold-up en particulier. Parlant de ce dossier, il est vrai que c'est une affaire qui fait l'objet d'un grand tapage médiatique, ainsi que j'ai eu l'occasion de suivre des débats ou commentaires y relatifs à travers les médias internationaux. Suite donc à cela monsieur Madi, j'ai un petit conseil purement amical à te donner: celui de ne pas un seul instant t'embêter à ce sujet. Car, tout ce grand bruit ne relève véritablement que d'un simple jeu politique ou de la pure démagogie.

À cette affirmation Madi s'écrie d'une voix percutante :

Madi : Attendez monsieur, euh, de quel jeu politique parlez-vous ? En fait monsieur, vous créez une confusion dans ma tête là ! De quel jeu politique parlez-vous ?

Aussitôt qu'il finit de parler, monsieur Élima reprend la parole pour lui répondre et pendant ce temps, tous les usagers étaient concentrés à suivre l'évolution du débat entre les deux interlocuteurs.

Élima : Oui, je comprends le sens de votre réaction mêlée de tant de passion. À présent, laisse-moi éclairer ta lanterne.

Sur ces mots, il prend un air grave là où il était assis, puis il se retourne pour chercher du regard son interlocuteur. Ayant fixé les yeux sur ce dernier, il lui fait cette question :

Élima : Mon ami, sais-tu la différence essentielle qui existe entre nous Africains et les Occidentaux ?

Madi : Oh, je ne sais pas dans quel contexte se situe votre question.

Élima : Eh bien ! Si tu ne l'as jamais su, profites-en maintenant, car c'est un vieux routier en domaine politique qui te parle. S'agissant de cette différence, sache-le mon frère : celle-ci est très profonde. En effet, nous sommes d'apparence noire mais au fond, nous avons un cœur blanc. Tandis qu'ils sont d'apparence blanche, mais ils ont un cœur tout noir. Tout en écarquillant ses yeux à ceux qui le regardent, il martèle : ils sont très mauvais ceux-là !

En écoutant cette déclaration, tout le monde dans le bus s'éclate de rire. C'est alors que monsieur Madi prend la parole en ces mots :

Madi : Cher aîné, j'espère que vous jouez à la simple comédie !

Élima : Oh pas du tout mon ami ! Le problème est que je suis avisé par rapport aux calculs mesquins de ces gens-là.

Madi : Bon sang ! À quels calculs faites-vous allusion ?

Élima : À mon avis tout est clair et je sais d'avance là où ils veulent en venir.

Madi : Qu'est-ce que vous insinuez, cher aîné ? Voulez-vous bien clarifier votre pensez ?

Élima : En fait de nature, les occidentaux sont toujours comme ça. Après s'être servi de nos dirigeants pour leurs intérêts, ils finissent toujours par chercher des poux sur leurs crânes rasés.

Après les mots de ce dernier, un sujet ivoirien assis juste à côté de monsieur Madi réagit nonchalamment avec une voix comique.

Sujet ivoirien : Eh ! vieux père, si dans d'autres cas cet adage a tenu route, cette fois seulement les blancs ont raison dèh : dans le cas précis, il y a pas crâne rasé ooh !

19

Élima : Oh écoute là ! Tout sent comme d'habitude, la foutaise!

Sujet ivoirien : Ya pas foutaise vieux père. Cette fois-ci, sur crâne là, il y a vraiment beaucoup de cheveux et véritablement beaucoup de poux dèh ! Oh vieux père, c'est pas cheveux synthétiques ooh !Ici, il s'agit de vrais cheveux et vrais poux ooh !

Sur ces mots, tout le bus éclate de rire ! Au terme cet instant de rire fou, monsieur Élima revient en charge.

Élima : Où as-tu vu ces poux?

Un petit moment de silence s'écoule sans réaction de la part du sujet ivoirien, puis monsieur Madi s'empresse de prendre la parole.

Madi : Je crois que mon voisin a pleinement raison, quant aux poux dont vous parlez: ils sont effectivement manifestes. Car on parle de millions de documents à valeur de preuves relatives à cette histoire qui ont fuité. Vous qui avez besoin d'éléments de preuves, ils sont bel et bien disponibles sur les différents sites des organisations qui ont œuvré conjointement dans le cadre de cette enquête. Allez sur Google et vous les aurez à foison. Pour terminer, laissez-moi vous rendre l'ascenseur en vous donnant un conseil aussi amical : vous savez mon cher aîné, nos dirigeants ont trop fait du mal à l'Afrique. C'est bien évidemment à cause d'eux, que ce continent peine à décoller et est devenu la risée de tous les autres continents du monde. C'est quand même paradoxal ça ! Comment ceux qui ne sont pas du continent dénoncent les faits et vous qui êtes les fils du continent, vous acclamez les véritables criminels économiques !

Tout souriant, il rétorque :

Élima : Pour moi le principe est clair. Les blancs n'ont qu'à gérer les problèmes de leurs propres pays et nous laisser le temps de régler nos problèmes nous-mêmes. D'ailleurs en ce sens, ne dit-on pas : les linges sales se lavent en famille ? Pourquoi aiment-ils se mêler passionnément de nos affaires ?

Madi : Cher aîné, excusez-moi de vous dire que votre raisonnement a un sens purement moyenâgeux. Car à l'heure où on parle de la mondialisation en principe, on ne peut plus soutenir cette vision ou gestion anachronique du monde. Cela constitue un bipolarisme affreux et terriblement grossier.

Élima : Oh là là mon jeune frère, ce n'est pas question de raisonnement moyenâgeux. Le problème est que vous ne réalisez pas encore la méchanceté de ces gens-là. Ils sont mauvais, comme je l'ai déjà dit. Pour moi mon ami, qu'ils aillent se faire foutre avec leurs preuves à la con ! Ne t'en occupe pas mon frère, ce qu'ils ont présenté aux yeux du monde-là : c'est ce que l'on appelle, les preuves à la con !

Il dit cela en agitant sa tête ainsi qu'en faisant passer sa main à l'oreille en signe de mépris par rapport à ces preuves. Sur ces mots bien synchronisés avec les gestes effectués par ce dernier, tout le bus se met à rire aux éclats ! Qu'est-ce qu'il est comique disaient les uns, il est vraiment drôle disaient les autres!

Après quarante-cinq minutes de route, monsieur Pitcho est surpris de constater qu'il est arrivé à l'endroit où il doit descendre. C'est alors qu'avec un mouvement brusque qu'il lève son doigt en direction du receveur pour attirer son attention, ensuite il déclare :

Pitcho : Excuse monsieur, veuillez me laisser à la pancarte où il est écrit société HAMBOUILLIE. Excusez-moi de vous le dire brusquement, j'étais emporté par l'ambiance du débat.

À l'instant le receveur fait signe au chauffeur, celui-ci freine instantanément et stationne le bus légèrement après la pancarte. Aussitôt monsieur Pitcho se lève pour sortir, les autres usagers lui cèdent le passage. Pendant qu'il avance, arrivé au niveau où monsieur Élima était assis, ce dernier lui adresse la parole:

Élima : Un instant s'il vous plaît ! Travaillez-vous à la société ici représentée par cette pancarte ?

Pitcho: Oui monsieur.

Élima : Où est-elle située?

Pitcho: C'est juste à côté, derrière les immeubles qui se trouvent en face, précisément à dix minutes d'ici.

Élima : En fait, euh ! J'ai toujours voulu savoir ce qu'elle produit.

Pitcho: Ah bon ! Avec sourire il lui répond : c'est la société de fabrication de bouillie.

Élima : Ah tiens tiens ! Avant de vous en aller, il me reste un dernier souci : n'y a-t-il pas un sachet de bouillie à m'offrir question pour moi de casser la toux qui semble m'embêter ces derniers temps ?

Tout le bus se met à rire jusqu'aux larmes, au même moment monsieur Pitcho sort du bus en remuant la tête. Dans le bus, la joie et le rire étaient à leur comble à point tel que le chauffeur tout en riant aux larmes, quitte la cabine pour venir saluer Élima. Après quoi, il lui lance :

Chauffeur : Tu es fort mon grand ! Tu ne peux imaginer à quel point, tu as illuminé ma journée: c'est la raison pour laquelle, je me charge de payer ta course.

En écoutant cela, Élima se tient débout et se met à acclamer. Par la suite, il s'assit et déclare d'une haute voix :

Élima : merci chauffeur international !

Après cet épisode, quand le chauffeur veut démarrer, c'est monsieur Madi qui intervient pour dire :

Madi : Attendez monsieur le receveur, je préfère descendre ici.

Receveur : Mais, pourquoi monsieur ? Apparemment tu n'avais pas l'air de descendre ici : n'est-ce pas ?

D'un ton pâle, celui-ci répond :

Madi : Oui, tu as raison. En fait dans votre bus, tout se résume à la comédie et à la distraction, voilà pourquoi je préfère descendre ici.

Au fur et à mesure qu'il parlait, il s'avançait selon que les autres lui cédaient le passage. Lorsqu'il arrive à la sortie, c'est justement en ce moment que monsieur Élima s'aperçoit que c'est son co-débatteur qui sortait et alors il s'écrie :

Élima : Oh oh oh ! Attends, c'était toi qui sortais ? Oh là là ! Attends, mais si tu sors là, le débat est complètement enterré.

Après ces mots, monsieur Madi prend la parole. Dans l'entretemps, il fait peser un regard lourd sur les autres usagers du bus. Puis d'un ton solennel, il leur parle en ces termes :

Madi : Peuple africain, il est plus que temps pour nous de nous réveiller du profond sommeil qui permet à nos dirigeants de s'éterniser au pouvoir, ainsi que de nous plonger dans les ténèbres de la souffrance.

En écoutant ces paroles, quasiment tous les usagers sont émus! Ensuite, ils se regardent les uns les autres et se mettent à murmurer entre eux. Après quoi, c'est monsieur Élima qui réagit en posant cette question :

Élima : À quoi, celui-là joue ? Il se prend pour Martin Luther King ou Nelson Mandela ? Ainsi, il termine sa question par un rire sarcastique, suscitant aussi un rire sans enthousiasme parmi quelques usagers.

Voyant cela, monsieur Madi se tourne sans dire un mot et tend l'argent au receveur pour payer sa course; mais celui-ci lui répond :

Receveur : Non ça va monsieur, ne paye pas ! Tu as été intéressant pour moi, je dirais mieux, tu as illuminé ma journée. Tu as vraiment fait bondir l'espoir qui sommeillait déjà en moi, s'agissant de l'avenir de l'Afrique. En fait, tu es l'espèce de personnes dont l'Afrique a actuellement besoin pour se réinventer, quant à la dynamique qui lui est absolument nécessaire pour qu'elle retrouve ses lettres de noblesse. En tout cas mon frère, merci pour tes analyses ô combien pointues, que tu nous as partagées. Au reste, tu peux pour toi partir et que Dieu me garde de prendre ton argent pour la course.

Après ces allégations, reprenant la parole, monsieur Madi remercie abondamment le receveur pour sa gentillesse. Puis, il se tourne et s'en va. Aussitôt le bus démarre, dix minutes après que monsieur Pitcho est parti. Et, ceci précisément au moment même où celui-ci franchit le seuil du portail de la société. Au fur et à mesure qu'il se dirige vers la salle où va se tenir la réunion, il salue chaleureusement ses collègues avec qui il prend parfois quelques poussières de secondes pour échanger. Au bout de ces quelques échanges, il s'introduit dans la grande salle dédiée à abriter les assemblées générales de la société, il la trouve déjà archicomble. À peine prend-il place, un des responsables de la société vient les prévenir que le DG va sous peu prendre la parole pour passer sa communication. Alors, le mot d'ordre est donné à tous les travailleurs qui traînaient encore dehors de prendre place dans la salle. Cinq minutes après que tout le monde est déjà en place, le DG fait son entrée et tous les travailleurs se lèvent en signe de le saluer. Ensuite, le protocole le conduit à l'estrade, où le DG prend place notamment en face de l'auditoire. Après avoir déposé ses documents sur la table se trouvant devant lui, par un geste de la main, il fait un signe de la main aux travailleurs : alors tous s'assoient au même moment que lui. Automatiquement ceux-ci font un silence épais, attendant impatiemment la prise de parole du DG. Entre-temps, celui-ci est encore concentré à disposer ou à ranger sa documentation. C'est après ceci seulement, qu'il brise ce silence remarquable avec l'adresse que voici :

Très chers collègues, comme vous êtes censés le savoir: le conseil d'administration de notre société Hambouillie s'est retrouvé deux jours durant, pour pencher sur la situation combien morose que celle-ci traverse. C'est justement à l'issue des travaux y relatifs, qu'il m'a été chargé de vous transmettre la communication suivante :

Nous savons tous que l'année 2019 était une année assombrie par la crise sanitaire du coronavirus. Dans cette optique, l'année 2020 a été quant à elle particulièrement caractéristique du point de vue des conséquences cinglantes de ladite pandémie du Coronavirus. En effet, les mesures restrictives et contraignantes prises mondialement afin d'endiguer cette pandémie ont été sévèrement subversives. Entendez mes chers collaborateurs, elles ont été de natures telles qu'elles nous ont mis en situation d'inadéquation par rapport aux standards du travail en temps normal. À cet effet, l'entreprise Hambouillie par ma voix tient à vous remercier infiniment du fait que chacun de vous a su conjuguer ses facultés, quant à s'arrimer malgré les multiples contraintes à la nouvelle donne. Cela étant, allons à présent à l'essentiel, c'est-à-dire la raison majeure pour laquelle nous sommes réunis ici. Entendez, le volet se rapportant à l'incidence de

la pandémie sur la santé de l'entreprise. Que dire ?
Comme je l'ai dit tantôt, les mesures restrictives ou
barrières prises à l'international ont eu un effet
fatal. Celui à caractère de goulot d'étranglement,
quant au bon fonctionnement de notre société. À ce
titre tenez, le contexte économico-sanitaire
subversif nous a plongés dans une situation de
déficit par rapport aux prévisions que nous nous
sommes fixées. Car nous sommes à cinquante
millions de francs kôlôniens (50 000 000 KLF), soit
une perte de 20 %. C'est dire la situation n'est pas
satisfaisante, la casse est donc irremediablement au
rendez-vous. Nous savons que les différents
éléments qui constituent notre production,
proviennent d'ailleurs. Sur cette base, nous ne
sommes plus solvables vis-à-vis de nos partenaires.
Au-delà, les difficultés d'approvisionnement dues
à la variation significative du taux d'échange,
l'augmentation des coûts de production ont
conduit à la diminution de la trésorerie et
l'augmentation des frais financiers. Ainsi, nous
assistons à une augmentation des frais généraux
supérieurs à celle du chiffre d'affaires ce qui ne
nous permet pas de négocier une augmentation de
concours bancaire. Il en résulte que l'entreprise
n'est plus en mesure de payer les salaires ni de

couvrir les charges. Par conséquent, nous nous sommes tristement retrouvés en situation de faillite. Au regard de ce qui vient d'être dit, l'entreprise Hambouillie vous informe qu'elle est contrainte de fermer ses portes. Néanmoins, votre indemnité chômage est accordée. Nous vous remercions de votre compréhension.

À la fin de cette communication, un grand tumulte monte de la salle, tant les travailleurs n'en reviennent pas. C'est la désolation totale parmi ceux-ci ! Ainsi comme indiqué par le DG, à tour de rôle chaque travailleur part au service comptable, percevoir son enveloppe se rapportant aux indemnités de chômage. Après que monsieur Pitcho est servi, un de ses amis avec qui ils habitent le même quartier, lui propose de rentrer ensemble à l'aide de sa moto. C'est ainsi que ceux-ci font route ensemble et profitent de ces instants pour échanger sur la situation cauchemardesque qui s'est abattue sur eux. Au bout de trente-cinq minutes de route, monsieur Pitcho est ramené chez lui. Ensuite les deux amis se sont séparés dans l'espoir de se retrouver éventuellement à la prochaine occasion pour continuer à discuter à propos de leur triste situation commune. Aussitôt après, son ami démarre et monsieur Pitcho rentre dans sa parcelle. Il trouve sa femme en train de faire la lessive, il la salue d'une voix pâle, et il se dirige vers la porte. Comme il est sur le point de franchir le seuil de la porte, son épouse l'interpelle :

Bolingo: Attends chéri, tu ne me diras pas que tu as oublié la promesse que tu m'as faite la matinée.

À cette parole, avec un visage froissé, Pitcho lui répond :

Pitcho: Non je n'ai pas oublié chérie. Seulement au boulot, on m'a coupé les bras pour te serrer !

Bolingo: On t'a coupé quoi ! Après avoir souri, elle renchérit : alors viens, j'attends mon baiser promis.

Pitcho: Oh ! Madame, on m'a aussi coupé la bouche !

Bolingo: Quoi ! Attends chéri : finalement à quelle comédie tu joues?

Pourtant je vois, qu'il s'agisse de tes mains, qu'il s'agisse de ta bouche: tous ces organes sont bien en place sur ton corps. Alors, qu'est-ce que tu es en train de m'insinuer ?

Pitcho: Je me sens vraiment exténué chérie, et je tiens à peine sur mes pieds ! Donc tu ferais mieux de me suivre dans la chambre, afin qu'on en parle de vive voix.

Sur ce, il franchit le seuil de la porte. Quant à la femme, elle abandonne de faire la lessive et elle rejoint immédiatement son mari dans la chambre. Assis ensemble sur le lit, le mari avec un visage froissé et pâle, lui déroule de fond en comble la situation. Alors les deux se sont entrelacés et se sont mis à pleurer pendant trente minutes. Puis, ils se calment. C'est alors que l'épouse pose la question à son mari :

Bolingo: Qu'allons-nous faire maintenant que tu es réduit au chômage ?

Pitcho: En fait, euh ! C'est effectivement la même question que je ne cesse de me poser, depuis que j'ai eu cette triste nouvelle. Enfin, il va falloir le soir que l'on se retrouve avec tous nos enfants pour évoquer ensemble cette situation, afin de dégager une ligne de conduite. Une ligne notamment qui soit susceptible de nous permettre de bien gérer cette épreuve.

Après ceci, Bolingo repart vaquer à ses travaux ménagers et Pitcho se jette sur le lit. Le soir étant arrivé, après le repas comme convenu, le couple se retrouve avec leurs quatre enfants au salon. C'est dans ce contexte que monsieur Pitcho prend la parole, soumettant la situation à ceux-ci en ces termes :

Pitcho: Mes enfants en ce jour, si j'ai jugé bon de vous réunir autour de votre maman et moi, ce n'est pas pour rien. Il en est ainsi, parce que je vous estime être déjà assez grand et capables de donner des avis éclairés face aux problèmes qui peuvent miner l'équilibre du bon fonctionnement du foyer. Dans le cas d'espèces, l'objet de notre concertation pour laquelle nous voulons obtenir votre contribution est la suivante: comme vous le savez si bien, j'ai passé le plus clair de mon temps à la société Hambouillie en qualité de chauffeur. En fait, c'est une société où j'ai cumulé vingt-cinq ans de service. En principe, il me reste cinq ans de service pour atteindre soixante ans : l'âge auquel j'aurais dû faire valoir mes droits à la retraite. Malheureusement tous les agents, nous avons été pris de court par la triste information d'après laquelle, la société vient de fermer ses portes.

En écoutant cette information, ses enfants marquent à l'unisson leur étonnement : quoi ! Voilà, renchérit monsieur Pitcho, la raison même pour laquelle j'ai résolu de tenir cette concertation. Ici le but est non seulement de vous mettre au courant de ce qui est arrivé, mais surtout de conjuguer nos intelligences, afin de ne pas tomber dans l'impasse qui se profile à l'horizon par rapport à notre foyer. Autrement, ici la question cruciale est de savoir : qu'allons-nous faire à présent, pour pouvoir assurer l'équilibre de la bonne marche du foyer, dans le sens d'assurer les charges y relatives ? Déjà pendant que je travaillais, j'avais toutes les peines du monde pour nouer les deux bouts du mois. En conséquence, il fallait tant d'acrobaties pour y parvenir. Partant, comme je viens de soulever cette interrogation : qu'allons-nous faire pour pouvoir relever ce défi dans le contexte actuel où je suis maintenant réduit au chômage ? Après ces mots, les yeux fermés, il remue sa tête en signe de profond regret, avec un geste de la main montrant la maison à ses enfants, et il poursuit son propos : déjà que je travaillais mes enfants, regardez l'état de notre maison et notre condition de vie, à plus forte raison que je suis dorénavant cloué au chômage ! Imaginez de quoi sera fait notre lendemain : n'est-ce pas cette fois-ci, nous allons nous manger dans cette maison ?

En écoutant cette phrase prononcée par leur père ; **Kili-kili** l'avant-dernier des enfants de monsieur Pitcho se lève et court rapidement en direction de la cuisine. En réaction à cela, son père lui demande :

Pitcho: Où vas-tu Kili-kili, pendant que je parle des choses sérieuses ici?

Kili-kili: J'arrive papa. Un instant après, il revient avec une machette qu'il donne à son père.

Pitcho: Abasourdi ! Il lui porte cette question : attends ! Qu'ai-je à faire avec cette machette ?

Kili-kili: C'est parce que je t'ai entendu dire que cette fois-ci nous allons nous manger dans cette maison, voilà pourquoi je te l'ai apportée. Aussi, je propose dans le sillage de votre déclaration que Sali le benjamin soit tué et mangé en premier, parce qu'il m'a toujours cherché des palabres dans cette maison.

Pitcho: Sacrilège ! Attends, Kili-kili tu es sorcier ou quoi ? Sinon, à quelle blague tu joues ? Moi je vous parle des choses extrêmement sensibles et toi, tu m'amènes sur le terrain de la comédie ! Attends, quand la famine dans les jours à venir va te cisailler les entrailles, tu comprendras la pertinence de la question que j'aborde maintenant. Tu es vraiment un drôle d'enfant ! Pourquoi tu as toujours cette tendance à la comédie chaque fois que l'on te dit les choses d'extrême importance.

Ensuite, ravissant brutalement la machette tout en l'agitant vers Kili-Kili à la manière de l'indexer et il lâche : si tel pouvait être le cas, rassure-toi que la première personne à être mangée dans cette maison, ce ne saurait être que toi avec ta grosse tête là.

Après cela, d'un air fort exaspéré, il lui dit : va vite rejoindre ta place. Puis, renchérit-il enfin :

Pitcho : Quelle est cette histoire de venir distraire les gens avec un fait bidon comme ça ? Cela étant, revenons donc à nos moutons : mes enfants, vous êtes sans ignorer que maintenant la donne a complètement changé dans cette maison. Étant pris de court par cette situation malheureuse, personnellement je ne sais à quel Saint me vouer. En fait pour être honnête envers vous, laissez-moi vous dire clairement que mes yeux sont dorénavant rivés sur vous. Vous allez peut-être vous demander pourquoi ? Alors, je vous dirai dans l'optique de la culture africaine d'une manière générale, les parents font souvent beaucoup d'enfants, ce n'est pas pour rien. Il en est ainsi, évidemment parce que d'après notre philosophie, c'est vous qui êtes appelés à assurer la retraite des parents. Et dans le cas d'espèces, laissez-moi vous dire sans ambages que cela ne saura déroger à la règle. Puisqu'entre nous la vérité soit dite : à mon âge que pourrais-je faire en termes de métier, pour rapporter les ressources qui permettent de subvenir aux besoins de notre famille ? À la vérité je vous dis franchement, tout mon espoir ne repose maintenant que sur vous mes enfants. Je vous ai faits si jeune et je me suis battu avec mes maigres moyens à vous élever jusqu'à ce que vous soyez devenus grands: c'était justement en prévision à ce genre d'éventualité. Je crois que le moment est arrivé où plus que jamais, vous devez prendre vos responsabilités d'assumer votre vocation, quant à assurer le relais de la prise en charge des besoins de la maison.

Pendant trente minutes où il discourait, tous ses enfants le suivaient religieusement au point que **Eutaton** son fils aîné était même en larmes. Dès qu'il finit de parler, celui-ci qui prend la parole :

Eutaton: Papa, tu ne peux imaginer à quel point ton exposé a été si touchant ! À t'en croire, c'est à nous enfants que revient à présent la responsabilité d'assumer les charges du foyer. Personnellement, je n'en disconviens pas ; seulement voilà que nous habitons un pays où la règle est telle que pour avoir un travail, tu dois nécessairement être du camp au pouvoir d'un point soit de la parenté ,famille politique, soit de leur obédience. Dès lors, papa il y a une seule question qui résonne dans ma tête : comment allons-nous, nous y prendre pour résoudre cette équation ?

Pitcho : Eh bien mon fils, tu as complètement raison. Cependant je crois que vous saurez vous frayer un passage, car ne dit-on pas que vouloir c'est pouvoir. D'ailleurs à propos, laisse-moi peut-être te rappeler une chose certaine : parmi les différents canaux qui permettent d'accéder à un emploi dans notre pays la Très Démocratique République de Kôlô-kôlô, il n'y a pas que ceux que tu as cités. Outre ceux-ci, note-le fort bien : il y a aussi la voie du sexe ou du clientélisme. Si du point de vue des points que tu as énumérés vous tous ici présents, vous êtes disqualifiés sachez-le mes enfants : comme on le dit ici à Kôlô-kôlô, Dieu ne dort jamais. Comme je l'ai dit tantôt, si du point de vue des canaux précités vous êtes disqualifiés, vous avez assurément la possibilité de jouer les deux cartes restantes : elles sont de nature magistrale et fracassante. Tenez, pour le clientélisme, mes indemnités au chômage données par notre société défunte sont là. Elles s'élèvent à un million cinq cent mille francs kôlôniens (1 500 000 KLF). Cela dit, je suis prêt à monnayer une partie contre l'emploi de certains parmi vous. Pour l'autre, agitant ses deux mains en l'air à la manière de donner le top à ses enfants, il dit : courez après les filles de ces gens et établissez avec celles-ci la relation du sexe. Celle à base de laquelle, leurs pères au pouvoir pourront vous donner de bons postes.

En écoutant ces mots, sa femme se trouvant à côté, écarquille grandement ses yeux ! Étonnée, elle réagit :

Bolingo: Qu'est-ce que tu racontes mon mari ? Tu t'imagines un seul instant les filles de ces gens-là aux allures opulentes, accepter nos enfants démunis de tout ici présents?

Pitcho: Qu'ils aillent et ça marchera, ils ont pleinement ma bénédiction. Dans tous les cas, l'amour a perdu ses yeux depuis les temps immémoriaux et il est par définition totalement aveugle. Par conséquent lorsqu'il résonne, il ne fait acception de personne. Il est susceptible d'interagir avec tout le monde : esclave, pauvre, illettré, etc. C'est juste question de savoir comment le titiller dans une femme.

Sur ces mots, tous ses enfants à l'exception d'Eutaton se sont mis à l'applaudir et Kili-kili affirme :

Kili-kili: Ah ! Papa, je ne savais pas que tu étais un véritable poète comme ça.

Pitcho : Oh oh tu la fermes ! On t'a dit que je suis poète ?

Après cette réprimande à son fils, il renoue avec sa pensée initiale, déclarant :

Pitcho : Comme nous avions l'habitude de le dire en Côte d'Ivoire : ils se prennent pour qui même, ces hommes politiques ou ces gens nantis ? Ils croient que nous allons nous soumettre au clivage ou fossé qu'ils ont creusé habilement et intentionnellement entre eux et nous ? Allez-y mes enfants, prenez leurs enfants et par le biais du lien conjugal, nous formerons un seul tout avec eux. Par voie de conséquence, nous allons tailler notre part du lion. Encore une fois mes enfants, donnez-vous la force mais aussi le courage et allez-y, comme le disent assez souvent les femmes à Kôlô-kôlô ici : « *Si leurs pères ne veulent pas, ils vont veut* ». Cela signifie ici même à contre cœur, ils seront contraints à accepter ces mariages.

Comme il affirme cela, il bouge la tête, en signe de quelqu'un qui savoure déjà ce triomphe.

Bolingo: Eh bien chéri, pour une fois tu as raison. En tout cas je te rejoins, je trouve ton analyse fondée.

Pitcho: Écoutez, vous voyez combien de fois votre maman s'est inclinée devant la justesse de mon argumentaire ? C'est dire finalement, l'enfant qui va oser m'emmener la femme d'une famille pauvre ici, je vais le tuer. Vous devez absolument vous venger de la canaille que leurs pères nous ont faite. Canaille à la suite de laquelle, nous vous avons élevés dans la misère totale. Alors la meilleure façon de se venger ou de leur donner la meilleure correction qui soit, c'est simplement de prendre leurs filles en mariage.

Kili-kili: Papa, à l'instar de maman, je trouve que tu as pleinement raison. Personnellement, je suis vraiment partant. En ce qui me concerne, c'est seulement la fille du président fondateur lui-même que je vais décrocher.

Pitcho : Zut ! Tu es toujours turbulent et tu ne sais jamais la fermer. Espèce de comédien ! D'ailleurs comme nous le disions en Côte d'Ivoire : "Où même tu vas la rencontrer, cette fille du président fondateur" ?

Après ceci, c'est Eutaton qui sollicite la parole à son père qui la lui accorde.

Eutaton : Ma préoccupation est que tu me repécises, le but ou les objectifs fixés à tes indemnités au chômage dont tu as parlé tout à l'heure. Autrement, que comptes-tu faire avec cela ?

Pitcho : En fait, euh c'est l'argent qui nous sert de base pour monter un projet commun, qui nous permettra de couvrir tant soit peu les besoins du foyer.

Eutaton : OK ! C'est compris papa.

Après quoi, monsieur Pitcho reprend la parole pour demander à ses enfants :

Pitcho: Est-ce que je me suis bien fait comprendre par rapport à mon exposé ?

À l'unisson, ceux-ci acquiescent, promettant à leur père de se battre en grands garçons pour relever ce défi. À la suite de cela, monsieur Pitcho jette un coup d'œil sur sa montre et se rend compte qu'il est déjà une heure du matin. Alors d'un air pressé, il déclare à sa famille : vous êtes libres d'aller dormir. C'est ainsi que tous, se précipitent dans leurs chambres respectives.

CHAPITRE 2

REFUS D'EUTATON DE VOYAGER

Depuis cet entretien, tous les enfants ont résolu de passer à l'offensive, quant à se chercher ou mieux à trouver l'issue favorable à la responsabilité commune qui leur incombe. Depuis, deux mois se sont écoulés sans qu'ils aient obtenu gain de cause. Plus tard, Eutaton fait asseoir son père et lui parle en ces termes :

Eutaton: Papa, si je t'ai fait asseoir, ce n'est pas pour rien. En fait, ce matin j'ai été appelé par le grand **Manné**, le fils de notre voisin d'en face monsieur **Dadji**. Dans notre échange, il m'a posé ces questions : pourquoi ces derniers temps, tu fais remarquablement cette tête inhabituelle ? Qu'est-ce qui te tourmente, mon petit ? Sur cette question, je lui ai donc déroulé totalement la situation que nous traversons : objet de mes angoisses. À la suite de cela, j'ai été agréablement surpris de l'entendre me faire une proposition particulièrement alléchante.

À cette parole, Pitcho prend une position confortable sur sa chaise, puis d'un air excité, il dit à son fils :

Pitcho: Vas-y Eutaton ! Que t'a-t-il dit ?

Eutaton : En effet, il m'a déclaré : « c'est pratiquement pour cette même raison que mon père a décidé que je rejoigne notre frère aîné en France. Ceci dans l'optique presque commune à tous les pères africains, pour que mon frère aîné et moi puissions depuis là-bas, lui servir de base pour sa retraite ». Poursuivant son propos, il m'a proposé : comme il en est ainsi mon petit, si tu as un million trois cent mille francs kôlôniens (1 300 000 KLF), tu ferais mieux de te joindre à moi afin que nous puissions effectuer ce voyage ensemble. Dans cette perspective, m'a-t-il pas dit : les oiseaux du même plumage ne volent- ils pas ensemble ? Là-bas à coup sûr , nous allons gagner bien notre vie et combler les attentes de nos parents.

Pitcho: Émerveillé ! Il s'écrie : c'est vrai ça ! Eutaton, est-il vrai qu'il t'a fait cette fabuleuse proposition ?

Eutaton: Oui papa.

Pitcho: C'est vraiment incroyable ! En tout cas mon fils, je n'en crois pas mes oreilles. Il se pourrait que ce soit toi, qui aies mal compris. N'a-t-il pas parlé de France, comme d'un de nos villages d'ici ?

Eutaton: Non papa. Il m'a parlé de la France des Français.

Pitcho: Levant les mains et les yeux vers le ciel, il glorifie Dieu. Ensuite, il dit à l'enfant : tu vois, qu'est-ce je vous ai dit l'autre fois ? Dieu ne dort jamais. Pris de panique, il renchérit : laisse-moi aller d'abord parler avec leur père, question de m'assurer que cette histoire est bel et bien vraie. En tout cas, si celle-ci se relève comme tel, je n'aurai pas d'autre choix que de sacrifier l'argent que je garde à la maison.

Sur ces mots, il s'en va échanger avec le voisin. Rentré tard la nuit, il trouve toute la famille endormie et il réveille d'urgence tout le monde. De cette façon, il l'entretient par rapport au voyage d'Eutaton prévu le lendemain à vingt-trois heures. Le jour suivant à l'aube, toute la maison se mobilise et s'affaire dans tous les sens pour préparer le voyage d'Eutaton.

À dix-sept heures, celui-ci signale à son père qu'il se rend rapidement au coin de leur avenue, dire au revoir à son ami intime.

Pitcho: Non non Eutaton ! Tu es à quelques heures seulement de ton voyage, je ne veux pas de mouvements bidon, de peur que l'irréparable t'arrive.

Eutaton: Je te comprends papa, ce sera vraiment un tour éclair.

Sur cette parole, il sort de la parcelle en courant. En un instant, il était déjà à l'endroit indiqué et il trouve le père de son ami monsieur **Yâtété** dans son jardin en train d'écrire. Alors Eutaton, lui adresse la parole :

Eutaton: Bonjour papa.

Yâtété: Ah bonjour mon fils ! Qu'est-ce que ça fait longtemps, depuis la dernière fois que nous nous sommes vus.

Eutaton: Oui papa, mais on est là.

Yâtété: Au fait ! Depuis que vous avez soutenu vos Masters II avec ton ami, qu'est-ce que tu es devenu ?

Eutaton: Oh papa, rien du tout ! Comme on le dit assez souvent à Kôlô-kôlô : « on vit au rythme du pays ».

Yâtété: Il ricane après quoi, il lui demande : même vous jeunes et de surcroît grands intellectuels de votre état, vous commencez à emprunter de telles expressions à résonance de résignation ? Mais à part ça ?

Eutaton: Rien de spécial papa. Et mon ami : est-il là ?

Yâtété: Malheureusement non mon fils. Eh bien, je l'ai envoyé chez sa tante, il va rentrer à vingt et une heures.

À cette réponse, Eutaton pousse un soupir profond. À cela, Yâtété s'empresse de lui demander :

Yâtété: Quoi, y a-t-il un problème ?

Eutaton: Non papa ! C'est juste que je voulais lui dire au revoir, parce que je voyage aujourd'hui à vingt-trois heures.

Yâtété: Ah bon ! Tu es en partance vers quel pays
?
Eutaton: Je vais en France papa.

Yâtété: C'est une très bonne nouvelle ça ! Dans ce cas, ne t'en fais pas. Je vais personnellement l'accompagner en voiture à l'aéroport pour te dire au revoir.

Eutaton: Désolé papa ! Nous ne passerons pas par l'aéroport.

Yâtété: Comment ça ! Finalement votre vol, vous le prendrez où ?

Eutaton: Nous allons plutôt faire la frontière pour aller prendre l'embarcation à Tripoli et effectuer le voyage via la traversée de la Méditerranée.

Yâtété: Oh oh oh mon fils ! après avoir marqué cet étonnement, il fait commander par sa femme, les commodités de la bonne conversation. Ensuite, il dit à son interlocuteur : c'est une question très sérieuse mon fils, il va falloir que nous puissions explorer les contours de ce sujet ensemble avec minutie.

Sur ce, il demande à Eutaton de prendre place. Partant, il lui pose cette question : le voyage dont tu parles c'est déjà pour quand là ?

Eutaton : C'est pour aujourd'hui à vingt-trois heures papa.

Yâtété: Bon sang !

Après cette interjection, Yâtété renchérit, lui disant :

Yâtété : Au nom de l'amour que j'ai pour toi, je te déconseille vivement cette trajectoire que tu veux emprunter. Car, le tableau y relatif est lugubre et terriblement apocalyptique. En effet, on rapporte que plusieurs migrants qui tentent de quitter la Libye pour rallier l'Europe sont assez souvent interceptés par les garde-côtes libyens, puis ils sont entassés dans les centres de détention infernale. À propos, on parle de milliers de migrants retenus dans ces centres qui sont victimes d'exactions criantes : détention arbitraire, extorsion, violence, harcèlement sexuel, dépravation, etc. D'ailleurs la Canadienne **Oonagh Curry** a visité le centre de détention de Mabani en Libye et parlant de ceux-ci, affirme dans ses rapports que certains avaient la peau brûlée par le mélange de l'eau salée et du carburant de leur embarcation.

Étonné par rapport à cette information, Eutaton réagit brusquement par cette question:

Eutaton: Ce que vous dites là, papa, c'est vrai ?

À cette question, d'un ton serein, il lui répond :

Yâtété: Bien sûr que c'est totalement vrai mon fils. Pour quelle raison je vais te mentir ? Attends mon fils, tu n'es pas connecté à l'actualité ? À propos, il y a des images insoutenables et bien virales sur Internet. De même il y a tant de médias internationaux qui en parlent : tu ne les as jamais suivies ? Outre cela, peut-être tu le sais déjà comme tu es ami intime de mon fils, sinon je te donne ici l'information : je suis expert des questions liées à l'immigration et coach en entreprenariat. À ce titre, je sais pertinemment bien de quoi je parle, quand j'aborde cette question.

Eutaton: Stupéfait ! Tout en balbutiant, il lui porte cette question : attendez papa, euh euh êtes-vous vraiment sûr que ces informations sont-elles fondées ?

Yâtété: J'en suis parfaitement sûr mon fils. D'ailleurs, il y a pire que ça ! D'après moi, la voie que tu veux emprunter est véritablement le couloir de la mort. En fait, je ne sais même pas pourquoi cette mer n'a pas été encore débaptisée par la mer du sang ou la Méditerramort ? Retiens mon fils que la désignation ici faite de cette mer, n'est pas fantaisiste ou fortuite. Mais elle tient foncièrement à une logique purement mathématique car en sens, les chiffres parlent d'une manière retentissante. C'est même ce sur quoi, je travaillais lorsque tu es venu. En effet, il y a une étude que je suis en train de réaliser sur cette question. Par rapport à cette étude, les chiffres en ma possession sont beaucoup effrayants et même très alarmants . Pour s'en convaincre, attends euh euh ! J'ai un document ici, euh euh le temps pour moi de le retrouver dans ma paperasse : ah tiens, il est là ! Je disais donc, pour s'en convaincre mon fils, voici ce que nous renseigne ce document :

Selon le journal français *Libération*, de 2014 à 2021, le nombre de migrants décédés en Méditerranée est de 23 000 morts en 2021 dont 1 146 vies humaines perdues au cours du premier semestre de l'année 2021.

Yeux grandement écarquillés du fait de la stupéfaction, répond nonchalamment :

Eutaton : Quoi !

Avec un air sûr de lui, il répond :

Yâtété: sache mon fils que les chiffres déclinés par ce document sont totalement vrais, dans la mesure où ils sont confirmés par l'ONU par l'intermédiaire de l'organisation des migrations. Il convient de noter que ces chiffres ne sont pas statiques. Dans cette optique, ils sont en perpétuelle ascension.

À mesure que l'échange entre les deux hommes se poursuit, soudainement le téléphone portable de Yâtété sonne. Alors celui-ci se dépêche de décrocher et reconnaît tout de suite après, qu'il s'agit de son cousin immigré en France. Comme ils s'entretiennent, le visage de Yâtété ne cesse de crisper tant les informations venant de son cousin lui paraissent répugnantes. Pendant ce temps, Eutaton reste suspendu à l'expression exécrable de son visage, attendant que leur conversation se termine pour en avoir le cœur net. Plus tard, après que ceux-ci ont fini d'échanger, d'un air curieux Eutaton adresse tout de suite cette question à son interlocuteur :

Eutaton : Eh bien ! De quoi parliez-vous qui a tant agacé ton visage ?

Yâtété : Effectivement, j'allais en venir. Toutefois, tu as bien fait d'anticiper les choses.

En effet, l'appel reçu vient de mon cousin qui est actuellement en France. C'est un appel qui est tombé à points nommés, selon que celui-ci vient confirmer sur toute la ligne ce que j'étais en train de te dire tout récemment.

Eutaton: Ah bon !

Yâtété : Eh bien, oui mon fils ! Pour aller droit au but, voici ce qu'il m'a laissé entendre en lien avec l'immigration en France :

Quand on arrive en France avec un visa court séjour ou sans visa, c'est-à-dire d'une manière clandestine, on rencontre les mêmes difficultés pour s'établir en France que celles initialement rencontrés pour que le voyage ait lieu. En effet, un étranger africain n'a pas le droit de travailler en France, s'il n'a pas une carte de séjour ou carte de résident. Quand un africain arrive en France, il lui faut demander une carte de séjour ou carte de résident pour avoir le droit de travailler et de louer une maison ou un appartement. Comment faire pour avoir une carte de séjour ? C'est une question très importante pour tout africain qui souhaite aller en France ou dans l'Union Européenne, car tous ces pays ont les mêmes procédures pour obtenir une carte de séjour ou carte de résident. Une carte de séjour se demande à la préfecture du département de la ville où tu te trouves. La

France a plus de 100 départements, donc il y a des préfectures dans tous les coins. Pour demander une carte de séjour , il te faut avoir un motif valable pour rester sur le territoire français. Parmi les différents motifs établis dans le cadre de la législation française, il convient de relever :

- La carte de séjour par le motif du droit d'asile (4 ans ou 10 ans)
- La carte de séjour Etudiant (1 an renouvelable chaque année)
- La carte de séjour étranger malade (1 an renouvelable)
- La carte de séjour de passeport talent (4 ans renouvelable)
- La carte de séjour entrepreneur ou profession libérale (1 an renouvelable)
- La carte de séjour vie-Privée famille (1 an).

Après avoir soumis ta demande de la carte de séjour à la préfecture, il faut attendre au moins 2 mois pour avoir la première réponse de la préfecture. Pendant ce temps, tu prends en charge ton logement avec tes propres moyens financiers. Si tu demandes une carte de séjour par le droit d'asile, le bureau de l'Immigration à la préfecture va t'orienter pour avoir de l'aide à l'hébergement, aux soins médicaux et à la nourriture aux frais de l'État français durant toute la période de ta demande de carte de séjour. Si ta demande de carte de séjour est acceptée, tu recevras ta carte, laquelle te donneras ensuite le droit de travailler en France, de louer une maison, etc.

Si ta demande n'est pas acceptée, tu devras attendre un an pour faire une nouvelle demande avec un autre motif de demande de carte de séjour.

Ainsi, sans la carte de séjour, tu n'as aucun droit de travailler ni de louer une maison en France. La durée d'attente d'une carte de séjour varie entre 3 mois et 2 ans.

En écoutant ces choses, Eutaton s'est senti complètement abasourdi et déclare :

Eutaton: En tout cas papa, je n'en crois pas mes oreilles ! Dès lors, je me demande : par rapport à ce chapelet d'informations relativement effrayantes que vous venez de me livrer, que dois-je faire ?

Yâtété: Je te conseille avec amour, d'y renoncer carrément.

Ensuite s'étant adossé convenablement sur sa chaise, il fait à son interlocuteur cette question :

Yâtété : Dis-moi mon fils, quelle est finalement la raison ou la motivation du voyage si périlleux que tu aimerais effectuer ?

Eutaton: Ah papa, laissez ! Je me sens totalement épuisé avec tout ce que je viens d'entendre de vous. Et ceci, à un point tel que je ne sais même plus quoi dire. En fait, à la base l'idée consistait à aller chercher le bonheur personnel et familial.

Yâtété: Qu'est-ce que tu entends par bonheur ?
Eutaton: Par bonheur ici, il faut simplement entendre les ressources ou la richesse censée me permettre de vivre dans l'aisance avec ma famille.

Yâtété: Ah je vois ! Si telle est la raison de ton voyage à risque monstrueux, je t'assure mon fils que tu n'en as pas vraiment besoin pour parvenir à cette fin.

Eutaton: Avec un air surpris, il réagit nonchalamment : comment est-ce que cela est possible papa ?

Yâtété: Eh bien, ce que je dis est tout à fait fondé. Pour corroborer mon allégation, tiens mon fils : dans n'importe quel pays de la Terre où que tu ailles vous trouverez des pauvres et des personnes menant joyeuse et heureuse vie. Ainsi, notre beau pays la Très Démocratique République de Kôlô-kôlô ne déroge pas à cette norme ou réalité. À cet égard, permets moi alors mon fils de te poser cette unième question cruciale : par rapport au tableau que je viens de peindre, d'après toi, où se trouve finalement le bonheur ? Pour mieux poser ma question : existe-t-il un pays au monde dont le bonheur constitue sa chasse gardée ?

Eutaton: Honnêtement j'ai comme l'impression que le bonheur n'est pas l'apanage d'une catégorie de pays spécifiques. Mais plutôt, celui-ci semble être accessible partout.

Yâtété: Très bien ! Je suis heureux que tu aies compris cela. C'est dire mon fils, le bonheur par essence est présent partout sur la Terre. C'est question simplement de savoir sur quel ressort jouer pour y parvenir. Cela n'implique nullement, note-le mon fils, l'idée d'un voyage à caractère physique pour y accéder. S'il y a bien un voyage à effectuer, il s'agit de celui spécifiquement de descendre au plus profond de soi : question de puiser des valeurs ou matériaux susceptibles de servir à l'édification de son bonheur.

À cette affirmation, d'un air émerveillé, Eutaton s'écrie :

Eutaton: Ah papa, ce que vous dites, c'est vraiment très fort !

Yâtété: Effectivement, c'est très fort ! Écoute, j'ai deux dernières choses à te dire, pour ne pas abuser de ton temps. À propos, il convient donc de noter ceci mon fils :

– La richesse et la pauvreté sont deux options de la vie. Les riches par définition sont ceux qui ont choisi la voie de la richesse. En revanche, les pauvres sont ceux qui ont choisi d'être pauvres. C'est donc à nous que revient la responsabilité de faire le choix qui nous convient ;

– Nous sommes tous éligibles à la richesse. Cependant, il n'y a que ceux qui savent actionner habilement les rouages de la richesse, qui finissent par y arriver.

Par ce contour, l'idée qui se dégage est celle-ci : tu peux atteindre l'horizon du bonheur sur place ici à Kôlô-kôlô. Cela est simplement question de se garnir du logiciel mental y correspondant ou requis. Dans le cas d'espèces, tu as juste besoin d'un revêtement mental adéquat auquel j'ai fait allusion récemment, et tu verras que ça va marcher. Sur ce, les deux hommes se sont séparés et Eutaton rentre chez lui.

Arrivé à 20 heures à la maison, les préparatifs liés à son voyage étaient déjà finis et toute la famille l'attendait, assise au salon. Par ailleurs quand il rentre dans la maison, celui-ci va directement dans la chambre et tout le monde inquiet de son attitude, se demande :

qu'est-ce qui se passe ? Dans la foulée, le père prend la parole pour apaiser les esprits suivant ces mots :

Pitcho: Ne vous en faites pas ! À mon avis, il ne doit y avoir rien de grave : c'est juste l'émotion due au fait que bientôt il va nous laisser. C'est ainsi que tout le monde s'apaise et continue à parler de la pluie et du beau temps. Les uns et les autres continuent à échanger encore quand soudainement ils entendent quelqu'un frapper à la porte. À cet effet, madame Bolingo réagit spontanément :

Bolingo: Je crois, qu'on est venu prendre Eutaton pour le voyage. Aussitôt monsieur Pitcho se lève et se dirige vers la porte.

Lorsqu'il l'ouvre, il s'écrie nonchalamment :

Pitcho: Ça y est ! Enfin le moment tant attendu est arrivé. Automatiquement, il demande de faire venir Eutaton et d'apporter ses bagages. Pendant ce temps, il profite de saluer ses visiteurs, ensuite il dit à monsieur Dadji son voisin : aujourd'hui c'est un grand jour pour nous et nos deux futurs Parisiens.

Dadji: Bien sûr monsieur Pitcho ! Tu vois les sacrifices que nous faisons aujourd'hui, demain nous serons très heureux au moyen de ces enfants. Car, ce sont eux qui feront notre retraite et notre bonheur à venir.

Pitcho: Tu as tout à fait raison mon cher ami. À mesure qu'il parlait, c'est Eutaton qui s'amène sous les applaudissements de ses frères et sa maman, chantant : Parisien ! Parisien ! Parisien ! Il vient se placer à côté de son père qui lui ordonne aussitôt : prends rapidement ton sac, le temps presse. Vas-y vite, ajoute-t-il nous allons partir vous laisser là où vous prendrez le camion pour Tripoli.

À cette injonction, Eutaton observe un certain moment de silence, puis il pousse un profond soupir ! Alors qu'il traîne à prendre son sac, monsieur Dadji lui fait pression en disant :

Dadji: Fais vite mon fils, car dans quarante minutes, il sera l'heure de votre départ. Vraiment, il ne faut pas que l'on rate cet unique véhicule qui doit vous conduire à Tripoli, notamment au lieu où vous allez prendre votre embarcation pour gagner l'Europe.

Eutaton: Désolé papa !

Surpris, d'un ton endiablé, le père pose la question à son fils :

Pitcho: Déeh quoi ? Attends, qu'est-ce que tu veux insinuer par ce terme ?

Eutaton: Alors, avec une voix douce semblable à celle d'un prêtre catholique en pleine célébration d'une messe, il lève le suspens : je renonce au voyage.

Pitcho: Avec un air quasiment en transe, il lui demande : quoi ? Tu es malade ? Attends, tu veux me faire rater cette opportunité sans pareille d'avoir un jour une retraite et/ou une vieillesse heureuse ? Tu es fou ou quoi ! Prends rapidement ton sac, on doit partir, sinon je vais te tuer ici.

Eutaton: Papa, mon « non » est catégorique.

Dadji: Bien ! Monsieur Pitcho, comme ton enfant a refusé, nous n'avons d'autre choix que de partir de peur que mon fils Manné rate le véhicule.

Pitcho: Non non mon cher ami, tu ne peux pas faire une chose semblable. En fait, laisse-nous d'abord le temps de convaincre celui-ci, à défaut nous verrons avec madame qui envoyer à sa place.

Dadji: C'est bien d'attendre, mais le temps n'est plus pour toutes ces manœuvres. En effet figure-toi, qu'il ne reste que trente minutes pour que le véhicule démarre. Impossible pour moi d'attendre, car il n'est pas question que mon fils rate son voyage à cause de vos conneries.

Pitcho: S'il te plaît, accorde-nous ne serait-ce qu'euh euh… !

Dadji: Sur ce point, comme a dit ton fils, mon non aussi est tout à fait catégorique. Mais avant de vous quitter par rapport à ce qui vient de se produire, laisse-moi te dire mon cher ami : toi et ta famille, vous avez un très sérieux problème de malédiction. Donc, vous feriez mieux de voir le pasteur de l'église MTA qui est juste à côté, pour vous faire délivrer. Sur ces paroles, il se tourne précipitamment et dit à son fils : on est parti ! Justement au moment où ils veulent partir, monsieur Pitcho tente de retenir son voisin par la main, mais celui-ci la retire avec force en lui lançant : au nom de Jésus, que votre malédiction soit de nul et de nul effet sur mon fils et moi. Sur ce, il les quitte et monsieur Pitcho reste avec toute sa famille. Juste après leur départ, monsieur Pitcho pique une crise extrême de colère et s'amène avec la machette en vociférant : il est où, je vais le tuer aujourd'hui ! Sa famille le retient, pendant ce temps l'enfant s'enfuit dans la chambre. À cause du bruit, certains voisins sont même venus se joindre à sa famille, jusqu'à ce qu'ils réussissent à le calmer.

Depuis, Eutaton n'avait plus part à la nourriture préparée dans la maison, car son père avait donné des instructions fermes dans ce sens et il y veillait sérieusement. Après que Manné, l'enfant du voisin est parti, le troisième jour aux environs de neuf heures, ses parents apprennent sa mort via le coup de fil d'un des membres du réseau des passeurs. Alors, toute sa famille s'est mise à pleurer à voix déployée. Ainsi, quelqu'un rapporte l'information à Pitcho et sa femme. D'un bond, le père court chercher son fils Eutaton dans la maison. L'ayant trouvé au salon, il se jette sur son cou et il se met à le couvrir d'éloges : de tous les enfants de Kôlô-kôlô, il n'y a pas un seul qui te vaut. Tu es vraiment un brave homme ! Oh qu'est-ce que tu as été inspiré de renoncer à ce voyage ! Sinon, on allait te perdre. L'autre qui était parti, on rapporte qu'en pleine mer leur embarcation a fait naufrage, ils étaient plus de deux cents personnes à bord, il n'y a eu qu'un survivant.

Eutaton: C'est vrai ça papa !

Pitcho: C'est certain ! L'information nous a été rapportée par un de nos voisins, qui l'a eue de première main. Dans sa joie immense, il ne cesse de combler Eutaton d'éloges : parmi tous mes enfants, je l'ai toujours affirmé, il n'y a pas un seul qui soit plus intelligent que toi. En fait, tu es le seul à avoir hérité de toute mon intelligence, affectée d'un fort coefficient du sens prémonitoire. Comme tu l'as auguré, moi aussi cette nuit, j'avais pressenti l'odeur de la mort liée à ce voyage. Voilà pourquoi, je n'avais pas souhaité que tu partes à ce voyage avec le feu enfant du voisin.

Là-dessus, Bolingo qui se tenait à côté de la porte de leur chambre réagit :

Bolingo: Oh mon mari, que signifie ce revirement de position ! Finalement à quoi tu joues ? Ce n'est pas toi qui as failli le tuer suite de son refus de voyager ?

Pitcho: Tout souriant, ah chérie mon côté prémonitoire m'indique déjà, là où tu veux en venir. Pour ce à quoi tu fais allusion, ne t'en fais pas maman, c'étaient juste des grimaces ou mieux, c'était juste la blague que je faisais. Au fond, je ne cherchais pas véritablement à le tuer.
Bolingo: La blague ! Oh oh ! Ce n'est pas vrai ça ! En tout cas, je réalise aujourd'hui que tu es très fort en comédie. Sur ces paroles, tous éclatent de rire. Ensuite, monsieur Pitcho court rapidement et joyeusement dans sa chambre,

revient avec quelques billets de dix mille francs kôlôniens (10 000 KLF), qu'il remet à Eutaton.

Pitcho: Tiens mon fils ! C'est une somme de cent mille que je te donne pour fêter avec tes amis, le fait que tu aies échappé de justesse à la mort.

Aussitôt après, ils entendent un bruit confus dans la cour de leur parcelle, ils sortent précipitamment. Tout de suite, ils reconnaissent monsieur Dadji en furie avec une machette en main. Entouré de beaucoup de gens qui cherchent à le maîtriser et la lui ravir. Ainsi, dès qu'il les voit, il s'écrie d'une voix forte :

Dadji: Ça y est, ils sont là ! Laissez-moi les tuer ! Car, ils ont induit en erreur mon fils. Ils savaient que la voie n'était pas bonne, ils l'ont incité à voyager et ils ont retenu le leur. Cela ne doit pas se passer comme ça ! C'est injuste, laissez-moi : je dois venger la mort de mon fils : les deux-là, je dois les éliminer. Espèces de sorciers, lance-t-il à monsieur Pitcho et Eutaton. Ainsi les deux se regardent l'un l'autre, ensuite monsieur Pitcho réplique.

Pitcho: Ooh ! C'est quoi cette histoire Monsieur Dadji ! Que t'avons-nous fait ? Sans cracher sur la mémoire de l'illustre disparu, j'ai envie de te dire que nous n'avons rien à avoir avec la mort de ton fils. Quand tu as conçu le projet de son voyage, dis-nous : nous étions là ? Quand tu es allé l'accompagner je ne sais où, dis-nous : nous étions là ? Finalement, qu'avons-nous fait de coupable pour ce drame survenu ? Pardon voisin ! Comme les femmes aiment le dire à Kôlô-kôlô ici : « saute-nous ! » Suite à tes agissements, laisse-moi te rendre ici l'ascenseur : je vois que toi et ta famille, vous avez certainement un problème de malédiction. Pour cela, je te prie de recourir au pasteur de l'église MTA qui se trouve à côté pour votre délivrance.

En écoutant ces paroles, la colère de monsieur Dadji est montée d'un cran. Alors, il se débat au milieu de la foule qui ne cesse de grossir pour tenter de l'empêcher d'atteindre mortellement monsieur Pitcho et son fils. Pendant ce temps, l'information relative à la mort de son enfant ne cessait de gagner toute la ville. À mesure que ce dernier continue à agiter le spectre de mettre à exécution ses menaces, c'est finalement le véhicule de la police qui surgit. Après que celui-ci s'est stationné, les policiers débarquent précipitamment et toute la foule se retire. Ainsi les policiers mettent la main sur Dadji et le commissaire lui déclare :

Police : voici le mandat d'amener délivré par le procureur de la République, il y a des chefs d'accusation graves qui sont retenus contre toi.

Dans la foulée, monsieur Dadji est camionné par la police jusqu'à la maison d'arrêt. Ayant vu cela, les pleurs de sa famille redoublent d'intensité.

CHAPITRE 3

BAPTEME A L'ESPRIT ENTREPRENEURIAL D'EUTATON ET LES NEOLOGISMES « PHARAONISME » ET « HERODISME »

Quelque temps après cet épisode, Eutaton se rend chez son ami intime pour rencontrer le père de celui-ci. Arrivé là-bas, comme la fois dernière, son ami était absent de la maison ; tandis que son père était en train de lire au jardin. Il s'y approche et adresse joyeusement la parole à monsieur Yâtété.

Eutaton: Bonjour papa !

Yâtété: Ah ah ah ! Bonjour mon fils, comment ça tu es encore à Kôlô-kôlô ici ! Qu'est-ce qu'est devenu ton voyage alors ?

Pendant qu'Eutaton veut lui répondre, Yâtété le prie d'abord de s'asseoir sur une chaise qui se trouvait en face de lui. S'étant assis, Yâtété lui dit :

Yâtété : Tu peux à présent parler.

Eutaton : Pour tout commencer papa, je ne sais comment de fois vous remercier pour m'avoir sauvé la vie.

Ému, il verse d'abord quelques gouttes de larmes ! Après il renchérit : **Eutaton :** Papa nulle était votre intervention ô combien dissuasive de l'autrefois, sans aucun doute, aujourd'hui je ne serais plus compté parmi les vivants.

Après s'être endossé convenablement sur sa chaise, il pose la question suivante à son interlocuteur :

Yâtété : Mon fils, en tout cas jusqu'ici, je ne comprends absolument rien de tout ce que tu dis. En fait euh euh! Qu'est-ce que tu insinues à travers ton discours ?

Sur cette question, il lui étale les faits de fond en comble tels qu'ils se sont passés. Pendant qu'il parle, Yâtété ne fait que hocher la tête. Il se lève pour aller serrer la main d'Eutaton et se met à le féliciter en disant :

Yâtété: Tu es un brave et sage garçon ! Je suis très fier de toi pour avoir renoncé à ce voyage bidon. Ceci étant, dis-moi mon fils : que comptes-tu faire d'ores et déjà pour la bataille d'accéder à la richesse sur place ici à Kôlô-kôlô ?

Eutaton: Papa, ce n'est pas pour rien qu'à la suite de notre entretien de la dernière fois, j'ai résolu fermement d'annuler mon voyage. En effet, si les choses se sont produites de la sorte, c'est parce que j'avoue papa : votre exposé de ce jour avait eu un écho particulièrement grave en moi. Aussi, mes analyses m'ont conduit à vous donner totalement raison à ce sujet. Surtout papa, lorsque vous avez affirmé : « Le bonheur par essence est présent partout sur la Terre. C'est question simplement de savoir sur quel ressort jouer, pour y parvenir ».

Yâtété: Ah je vois ! En tout cas, j'avoue que tu es un jeune homme très intelligent. Ben ! Je suis énormément content que tu aies fait preuve de beaucoup de lucidité, par rapport à ce que je t'ai dit la fois derrière.

Aussi, compte tenu de ta préoccupation liée à la quête du bonheur, il convient pour toi de serrer dans ton cœur ce que je m'en vais te dire. Au-delà, c'est une approche de portée générale qui concerne tous les jeunes du continent Africain et par ricochet tous les jeunes du monde. À toi donc de savoir relayer ce message par la suite, de quelle que manière que ce soit, de façon que ce dernier finalement parvienne à toucher sensiblement la sphère juvénile. Cela étant dit, retiens maintenant ce qui suit : il y a deux erreurs monumentales que vous jeunes, vous devez éviter de commettre pour effectivement, vous assurer une posture stratégique dans le combat pour la conquête de la richesse ou du bien-être.

Sur ce, Eutaton l'interrompt respectueusement, déclarant :

Eutaton: Veuillez m'excuser papa de vous interrompre. En fait, je pressens que ce que vous allez déballer sera d'une extrême importance, voilà pourquoi j'ai besoin d'un stylo et d'un papier pour prendre note.

Alors monsieur Yâtété exauce volontiers sa requête. Ensuite, renouant son exposé, il dit à son interlocuteur :

Yâtété: Je disais tantôt, pour vous assurer une posture stratégique en vue d'atteindre le bien-être, il y a deux erreurs monumentales que vous jeunes, vous devez absolument éviter :

Primo : c'est ce que tu as déjà compris, une fois de plus je t'en félicite d'ailleurs. Elle consiste pour vous, à vous défaire de toute hypothèse de considérer l'Europe en général et la France en particulier comme votre eldorado. Sachez que toute théorie de l'eldorado à l'occidentale est une véritable utopie. Il en est ainsi, parce que ces pays véritablement n'en constituent pas un. Car, tous ces pays sont essentiellement bourrés des problèmes auxquels, ils n'ont pas de solution. De ce point de vue, vous qui envisagez immigrer là-bas, vous constituez pour eux un trop-plein. Pour conforter mon affirmation de tout à l'heure à propos de ces pays occidentaux, à titre d'exemple prenons le cas spécifique de la France, pour la simple raison que c'est le pays vers lequel tu as voulu immigrer. Sans aucun doute, elle est aujourd'hui confrontée à beaucoup d'épines sous ses pieds. Au nombre de celles-ci, je peux ici épingler : les menaces grandissantes du terrorisme, le fléau de la xénophobie ou l'antisémitisme, les ambitions hégémoniques et expansionnistes de la Russie qui sèment aujourd'hui la zizanie entre elle et ses anciennes colonies. Entre ces maux évoqués, il convient de noter elle est en proie à l'inflation galopante, aux défis liés au changement climatique, gestion de la pandémie du coronavirus, résurgence du spectre de la guerre en Europe avec le conflit russo-ukrainien, prise en charge des réfugiés dont le nombre s'élèvera probablement à plus ou moins 7 millions d'après les estimations onusiennes, le problème du chômage dont le taux de nos jours est passé à 2,4 millions de personnes, soit 8,1 de la population active, chiffre en hausse de 52 000 personnes selon l'Institut national des statistiques et des études économiques (INSEE). Le problème des SDF constitue aussi une préoccupation majeure selon le journal *Le Monde*, en France il y a 300 000 personnes sans domicile fixe dont 3 600 à Paris, 1

600 à Montpellier, 1 000 à Rennes. En 2012, il était selon l'Institut national des statistiques et des études économiques (INSEE) de l'ordre de 140 000, chiffre qui ne fait que galoper.

Considérons à présent ce dernier élément, je te dis mon fils qu'il renferme un sens beaucoup révélateur et même pédagogique. Un sens malheureusement que vous jeunes et les candidats à l'immigration clandestine n'avez jamais pu déchiffrer. Autrement dit, lorsqu'on entend que la France compte autant de chômeurs, en principe ce sont des chiffres par essence qui devraient avoir un écho dissuasif pour tous ceux qui aspirent à y aller pour chercher à gagner la vie. Je te le dis mon fils pour la simple et bonne raison, quand on sait qu'il s'agit d'un pays qui n'a jamais abandonné ses citoyens. Par là il faut entendre, un pays qui peut mouvoir tous les rouages diplomatiques possibles et militaires pour un seul de ses citoyens pris en otage même au fin fond de la terre. Je dirais même mieux, un des rares pays au monde où le président de la République effectue le déplacement pour aller accueillir personnellement au pied de l'avion un ressortissant après sa libération des mains de ses ravisseurs. Oh mon fils, le temps nous manque grandement pour citer les multiples exemples de cet ordre. Comme je l'ai dit tantôt, lorsqu'on entend qu'un tel pays compte autant de ses citoyens non détenteurs du travail, cela signifie que ce problème est plus fort que leurs dirigeants. Aussi, quand on considère l'élan remarquablement pointu du patriotisme affiché par les présidents de ce pays vis-à-vis de leurs citoyens, allusion faite aux cas précédemment évoqués : Qu'est-ce que vous jeunes africains, vous croyez ? Ne soyez pas naïfs mon Dieu ! Croyez-vous que de tels dirigeants à forte résonance patriotique et paternaliste, soient en mesure de laisser les leurs sans emploi pour offrir le travail aux immigrants d'origine clandestine? Ici, il n'est nullement question de xénophobie ou de ségrégationnisme, mais plutôt cela tient à la logique et/ou au devoir régalien pesant sur les épaules de ces dirigeants. Car, c'est sur la base d'un projet de société centré sur l'action ou la dynamique de chercher principalement l'intérêt des siens, que ceux-ci parviennent à se faire élire. Après avoir marqué une petite pause, avec une voix grave, il renchérit : D'ailleurs au moment où nous parlons, combien d'immigrants présents en terre française, vivent une situation chaotique ? En effet, d'après les données de l'Institut national des études démographiques (INED) que j'ai pu consulter récemment, on parle de 300 000 immigrants en situation irrégulière et sans emploi. Dans ce contexte, au nom de quoi pensez-vous que vous allez faire la différence par rapport aux autres qui ont déjà passé tant d'années dans cet état piteux ? À mon entendement, toute réponse admettant un sens positif de votre part relève purement de l'envoûtement ou d'un fort coefficient de rêverie. Logiquement, cela est à tout à fait impossible. Pour boucler ce chapitre relatif aux épineux problèmes qui minent la France, il est une autre question très significative à considérer et qui est de nature de décapiter tout rêve ou espoir d'y aller trouver le bonheur : c'est la question de la traversée illégale de la Manche. Qu'est-ce que cela veut dire ? Pendant que vous nourrissez votre espoir de trouver un avenir meilleur en France, il se trouve que plusieurs personnes se battent au quotidien de quitter ce pays, dans l'optique d'aller à la quête d'une situation aisée sous d'autres cieux. À propos, d'après l'information livrée par nombre de médias occidentaux ce matin, en effet plus de 28 000 migrants ont traversé la Manche en 2021 soit le triple par rapport à 2020.

Comme il réagit aux propos de son interlocuteur, regard hagard et la voix agacée, Eutaton lui adresse alors cette question :

Eutaton : Papa, est-ce que vos propos ne tiennent pas à un narratif conçu de toutes pièces dans le seul but de me décourager par rapport à ce voyage ?

Yâtété : Oh, non mon fils ! Il n'en est rien de ce auquel tu fais allusion. Mes affirmations relèvent d'une interprétation fidèle de la configuration de la vie en France. Il s'agit des choses vérifiables. Pour en avoir l'esprit net, il suffit de te porter sur Google et tu trouveras les données particulièrement éloquentes soutenant ma thèse.

Eutaton : Si tel est le cas, pourquoi alors tant de jeunes en Afrique sont habités par un désir obsessif à voyager en France à la quête d'une vie meilleure ?

Avant de répondre à son interlocuteur, Yâtété se racle la gorge tout en prêtant ses oreilles à un petit bruit net qui suspend l'air autour d'eux. Puis, un léger sourire narquois aux lèvres et d'une voix relativement calme et assurée, il déclare :

Yâtété : Oh, c'est question d'ignorance qui fait que les jeunes gens soient animés par un enthousiasme fou à aller chercher un avenir radieux en Occident. D'ailleurs dans cet ordre d'idée, les Saintes Ecritures n'affirment-elles pas mon peuple périt faute de connaissance. Mon fils, crois-moi: l'occident surtout dans le contexte présent ne représente aucunement une terre d'opportunités pour la jeunesse africaine. Cependant, plusieurs n'en ont pas conscience à cause de leur approche erronée à considérer l'occident sous le prisme d'édifices resplendissants, routes bien construites, parcs attrayants etc. Au fond, tout ce décor n'est qu'un véritable leurre pour les pauvres jeunes africains. C'est évidemment à tort qu'ils brûlent d'angélisme vis à vis de l'occident. Au contraire, celui-ci par essence n'est du tout un Eldorado pour eux. Il est malheureusement un enfer, au regard de multiples barrières structurelles érigées vis à vis des immigrés.

Eutaton: Papa, c'est vrai ?

Yâtété : Bien sûr que c'est vrai mon fils. Sinon, quel intérêt ai-je à te mentir ?

Ayant dit cela, il marque à nouveau une petite pause. Puis, reprenant la parole, il déclare :

Yâtété : Voilà mon fils, ce que je pouvais dire à propos du premier point. As-tu une préoccupation ?

Eutaton: Non papa, votre exposé est nettement limpide et j'ai vraiment pris bonne note.

Yâtété : Avec ton degré de lucidité, je savais d'avance que tu allais forcément comprendre les choses d'un seul trait. Cela étant, venons-en tout de suite au point suivant.

Secundo : Quant à ce point, il consiste en ceci mon fils ! Autant vous jeunes, vous ne devez pas compter sur l'Occident pour espérer vous s'assurer une vie du bonheur : autant vous ne devez pas non plus compter, sur la plupart de dirigeants africains pour y arriver. Je le dis à juste titre car en fait, il s'agit de personnes qui ont déjà fait leurs preuves à caractère éloquent en ce sens. Entendons, dans un sens qui atteste notamment qu'ils sont là au pouvoir principalement pour leur ego et au-delà, ils sont là pour leurs parents et leur cercle d'amis. Quant au peuple et notamment vous jeunes, vous êtes réduits simplement à un faire-valoir à des fins électoralistes, pour la conquête de la légitimité tant sur le plan national qu'international. Ces différentes raisons évoquées sont par nature, imbues de substance pour nourrir votre discernement afin que vous cessiez de vous bercer d'illusions à leur sujet.

En fait mon fils, s'il existe la pire des erreurs que vous jeunes dans le contexte surtout africain que vous devez absolument veiller de ne pas commettre : c'est d'accrocher votre confiance aux politiques, attendant d'eux les bons offices d'un père. À mon sens, je ne les ai jamais considérés comme des pères, ils manquent cruellement de cette fibre dans leur leadership. Compter sur eux mon fils, cela est essentiellement synonyme de sceller votre avenir à un échec cuisant. Je l'affirme avec force, les preuves en ce sens sont vraiment accablantes : combien de jeunes Africains ont vu impassiblement leur avenir être vidé de toute perspective d'épanouissement à cause d'eux. Mon fils, ce qui malheureusement est arrivé aux autres en principe, cela devrait vous servir grandement de leçon. Eu égard aux dégâts y relatifs subis par les autres, vous n'avez aucun intérêt à mettre le moindre espoir sur ces dirigeants. D'autant plus que d'après moi, ils sont essentiellement dans leur politique, les véritables partisans du « **Pharaonisme** » ou de « **l'Hérodisme** ».

Sur ces mots, Eutaton, lève son doigt en signe de solliciter la parole à son interlocuteur. Comme celui-ci lui accorde la parole, Eutaton réagit en ces termes :

Eutaton: Veuillez m'excuser de vous interrompre papa ! En fait, ma préoccupation est de savoir : quels sont le sens des vocables que vous venez d'employer ?

Yâtété: En réponse, ceux-ci sont par nature deux néologismes à caractère synonyme qui renvoient étymologiquement à une doctrine ou un courant politique. Un courant aux actions centrées sur la volonté exacerbée d'un dirigeant politique, à sacrifier l'avenir du peuple au profit de ses intérêts égoïstes ayant trait à son pouvoir. Et par ricochet, cela suggère l'idée de toute personne qui mène des actions de nature à sacrifier les autres au profit de son propre intérêt. Il en est ainsi parce qu'à l'origine, ces néologismes se rapportent à deux personnages emblématiques d'après le récit de la Bible, qui à leurs époques ou sous leurs règnes respectifs, ont sacrifié sinon massacré la vie d'innombrables enfants innocents, à des fins de pouvoir. Vu sous ce rapport, c'est ce que fait exactement la majeure partie des dirigeants africains de nos jours vis-à-vis des jeunes de leurs pays : combien de jeunes sont sacrifiés du point de vue de leur avenir par nos dirigeants pour leur pouvoir? Précisément, si lesdits dirigeants emblématiques Pharaon et Hérode ont effectué tour à tour un massacre physique de leurs victimes, les nôtres en revanche opèrent impitoyablement dans le sens spécifique de sacrifier l'avenir de la jeunesse. C'est une entreprise machiavélique savamment orchestrée à telle enseigne que vous-même les jeunes, vous ne vous en apercevez pas. Voilà mon fils, d'où m'est venue l'inspiration relative aux néologismes « Pharaonisme » et « Hérodisme ». En effet, j'y suis arrivé parce qu'à la base, j'étais animé par la volonté de trouver un concept à ce fléau politico-social qui ne cesse de faire des victimes incalculables. Autre chose encore mon fils, ce sont là deux concepts desquels j'ai pu forger dans mon jargon, deux verbes correspondants. Il s'agit précisément des verbes « **Pharaonir** » et « **Hérodiser** » Dans le cas d'espèces, je parle souvent des dirigeants qui phaoronisent ou hérodisent leurs peuples. Outre cela, ces néologismes initiaux m'ont servi de base, pour la création de deux nouveaux vocables de même ordre. Il s'agit en effet des vocables : « **Pharaonisation** » et « **Hérodisation** ».

Après une petite pause, il poursuit son propos :

Yâtété : Voilà mon fils, ce que je pouvais te dire concernant le second point. Est-ce que tu as une réaction ?

Eutaton: Oui papa.

Après avoir couvert d'éloges son interlocuteur, il atterrit sur cette question :

Eutaton : Papa, puisque les choses sont ainsi, que devons-nous faire alors principalement nous les jeunes Africains dans l'optique de conquérir le bien-être?

Yâtété: Très bonne question mon fils ! C'est même cela qui fait l'objet de la suite logique de mon exposé. En fait, ta question est de nature telle qu'elle m'amène ici et maintenant, à décliner les commandes sur lesquelles principalement les jeunes Africains doivent appuyer, en vue d'arriver au bien-être sur le plan local. Pour tout commencer mon fils, il convient pour vous jeunes Africains de retenir ceci :

La terre africaine est une terre par essence, profondément bénie du Très Haut. À ce sujet

90

mon fils, le temps me manque grandement pour me disperser dans les détails. Sachez qu'elle recèle plusieurs opportunités d'atteindre le bonheur, sinon de vivre heureusement où que l'on soit. Pour conforter mon affirmation mon fils, laisse-moi me servir de cette allégorie : tu sais, un précepte divin stipule, faute d'enchanteur le serpent mord. Cela veut dire, le serpent a beau piquer ses victimes, l'enchanteur maîtrise sa faiblesse. Partant, il en est de même de nos pays africains. Il est vrai que la misère ou la précarité y sévit à grande échelle. Mais si vous agissez comme un enchanteur, notamment si vous avez un sens pétri de capacité à déceler les opportunités et les faiblesses accrues de nos systèmes de gestion étatiques, à coup sûr vous allez sortir la tête du lot. C'est dire, au-delà de la misère combien aiguë qui caractérise nos pays, ceux-ci paradoxalement engorgent scandaleusement des ressources diverses et/ou des opportunités. Cependant ce qui manque cruellement aux jeunes, ce sont la lucidité et des réflexes entrepreneuriaux pour pouvoir les capitaliser, afin de créer la richesse utile à leur bonheur. Cela arrive naturellement, parce que la majeure partie de la jeunesse est hantée et même aveuglée par un désir fou de travailler dans des bureaux climatisés ou à la fonction publique. C'est ainsi qu'après avoir déposé leurs dossiers à diverses organisations de la place ou à l'administration publique : finalement, vous les verrez passer tout leur temps dans les bars s'empiffrant d'alcool, dans les débats futiles, les jeux de toutes sortes, etc. Et ceci, jusqu'à atteindre la vieillesse sous le toit parental sous prétexte qu'ils attendent la suite de leurs dossiers déposés. Pendant ce temps, ce sont les expatriés ou communautés étrangères qui en fin de compte profitent richement des ressources et/ou des opportunités que recèlent nos beaux pays. À titre d'exemple, prenons le cas typique de notre pays : quand les jeunes de la très démocratique république de Kôlô-kôlô, vous vous bousculez avec dernière énergie pour aller en Occident à la quête du bien-être, il est curieux de constater que tous ceux venant d'ailleurs, s'en font plein les poches ici dans notre pays. C'est cela le drame qui caractérise la jeunesse de notre pays. Le goût de travailler principalement dans l'administration publique a aveuglé quasiment tous les jeunes à telle enseigne, qu'ils ne s'aperçoivent pas des opportunités inouïes que notre pays renferme. Tandis que tous ceux qui viennent d'ailleurs pétris du sens des affaires, s'en aperçoivent aisément et les mettent habilement à leur profit. Au bout du compte, ils finissent par devenir riches, en revanche vous, vous restez à croupir sous le poids de la misère. En fait ce que je viens d'affirmer ici, est nettement fondé et même vérifiable. Pour éclairer ta lanterne, considérons le cas de la communauté rwandaise présente ici à Kôlô-kôlô. En effet, personne n'est sans ignorer dans quelle situation de dénuement total, ils sont arrivés à Kôlô-kôlô à la suite du génocide ayant eu lieu chez eux. Mais aujourd'hui, voyez combien plusieurs d'entre eux sont devenus de grands patrons d'entreprise. Chose très étonnante, c'est auprès de ces derniers que finalement les nationaux viennent faire la courbette en vue d'obtenir un emploi. Dans le même ordre d'idée, considérons à présent la communauté ouest-africaine dans sa globalité pour ne citer que celle-ci. Voyez dans quel état de dénuement la plupart de ceux-ci, nous viennent ici à Kôlô-kôlô. Et voyez aussi comment mine de rien, ils émergent et finissent par devenir financièrement et économiquement puissants. Et ceci, à un point tel qu'aujourd'hui, ce sont eux qui tiennent quasiment tous les secteurs de notre économie. Dans le même sens, ils ont même pu acheter ou conquis presque tout un quartier : l'un des plus chics de notre belle ville. Aussi, par le biais de leur fortune obtenue sur notre terre, ils ont même acquis à leur cause nombre de nos hautes autorités. Ceci, à un point tel qu'ils se permettent même de les manipuler à leur guise, pour s'arroger certains pouvoirs ou quelques avantages. Par conséquent, grâce à la bénédiction ou la couverture de celles-ci que plusieurs d'entre eux se retrouvent exonérés de bien d'exigences fiscales au grand dam des caisses de l'État. Que dire à présent des fonctionnaires ou d'autres catégories de travailleurs évoluant dans des bureaux climatisés que vous jeunes de Kôlô-kôlô, vous avez toujours convoités ? Oh laisse mon fils ! C'est d'ailleurs même auprès d'eux que la majorité va faire la courbette pour se ressourcer, afin de pouvoir nouer les deux bouts du moi. Que dire encore, la liste est vraiment longue et le temps fait grandement défaut pour aborder d'autres éléments. Cela dit, pendant que vous avez les yeux rivés uniquement sur vos éventuels employeurs notamment l'administration publique, sachez que vous perdez grossièrement votre temps.

Aussitôt qu'il finit son propos, Eutaton prend la parole :

Eutaton: Papa, je salue vraiment le sens combien profond ou pertinent de votre exposé. Loin de moi toute intention de vous contredire, permettez-moi simplement de relever une chose. Par rapport à ce que vous venez d'affirmer ici, sans conteste on a vu aussi certains jeunes de la très démocratique république Kôlô-kôlô essayer d'abonder dans le même sens, mais cela n'a malheureusement pas marché. Qu'est-ce que vous en dites ?

Yâtété: C'est une question très délicate que tu as soulevée, celle de savoir : pourquoi chez tous ceux auxquels j'ai fait allusion tout à l'heure, les choses ont marché. Pourquoi a contrario, ceux de Kôlô-kôlô ont globalement toujours fait naufrage ? En effet, la réponse à cette question est bien simple: mon fils sache-le aujourd'hui, la réussite dans les affaires relève essentiellement d'un art. Précisément, un art aux principes spécifiques auxquels tout acteur doit scrupuleusement obéir sans quoi, son entreprise est vouée irrévocablement à l'échec. En clair, si cela arrive aux jeunes de Kôlô-kôlô, c'est parce que ceux-ci entreprennent leurs activités souvent dans une dynamique relativement en déphasage aux variables motrices ou principes qui favorisent l'épanouissement des affaires : manque de discipline financière, le manque de vision, l'absence des objectifs spécifiques liés à l'évolution, tendance à donner un caractère accessoire à son activité par rapport à leurs attentes liées à l'administration publique, le manque de dévouement dans l'exercice de l'activité. Voilà donc mon fils, ce qui explique le succès des uns et l'échec cuisant des autres. Pour terminer, j'aimerais insister à nouveau sur une grande vérité que j'ai précédemment affirmée, garder vos yeux rivés uniquement sur l'administration publique ou d'autres organisations, constitue une perte de temps tout à fait grossière. Autrement, cela est un motif mortifère pour l'avenir de plusieurs.

Eutaton: Ah bon papa !

Yâtété : Bien sûr que oui mon fils. À propos, retiens ce que je m'en vais te dire, c'est une vérité fondamentale : on ne devient pas riche en travaillant pour le compte d'une personne. Mais, la voie par excellence pour devenir riche consiste dans les affaires c'est-à-dire, à entreprendre pour soi-même. Pour s'en convaincre, jette d'abord un coup d'œil sur le document que voici : il s'agit de la liste des personnages les plus riches du monde dressée par le magazine *Forbes,* tu vas te rendre compte qu'il n'y a pas le nom d'un seul fonctionnaire quel qu'il soit. Tous sont parvenus à ces différentes positions par la vertu des affaires. À titre d'exemple, prenons le cas de l'Espagnol **Amancio Ortega** au sujet de qui l'histoire nous rapporte qu'il a lancé ses affaires avec moins de cent dollars. Au fil du temps notamment en 2015, il s'est retrouvé le plus riche du monde avec une fortune estimée à près de quatre-vingts milliards de dollars.

Ébahi par ce témoignage, Eutaton yeux écarquillés sursaute de sa chaise et interrompt brusquement son interlocuteur avec cette interrogation :

Eutaton: Attendez papa, je n'en crois pas mes oreilles ! Quoi, vous avez parlé de moins de cent dollars comme capital avec lequel ce monsieur a démarré ses affaires ?

Yâtété: Il s'agit bel et bien de ce montant.

Eutaton: Oh mon Dieu ! Pourtant c'est un montant qui avoisine celui que mon père m'a donné tout à l'heure. Donc, si je comprends bien : ce que j'ai en ce moment, constitue tout un capital pour me lancer dans les affaires ?

Yâtété: Bien sûr mon fils. Avec ce montant, il est possible que tu opères de grandes choses. Cela étant, pour me résumer par rapport à l'exposé que je viens de faire : sache ici que les affaires se définissent comme la première composante de la commande dont j'ai parlé en amont : est-ce qu'il y a une réaction de ta part à propos?

Eutaton: Ma réaction est un sentiment de satisfaction, car ce sont des choses bien réelles que nous vivons au quotidien, mais sans jamais parvenir à y tirer la moindre leçon. Au contraire, vous m'avez permis de les considérer sous le prisme d'un élan qui me pousse dès maintenant à me révolutionner. Puisque vous avez parlé de l'une des commandes, alors que me reste-t-il à savoir dans cette même lancée ? Autrement, qu'elle est le deuxième d'après votre démarche pour accéder au bien-être ?

Yâtété: En fait, ce que j'ai à te dire sur ce point, rejoint totalement ce que je t'ai affirmé lors de notre premier entretien. Euh ! pour atteindre son bonheur, vous n'avez pas besoin de voyager au sens physique du terme. Mais pour atteindre celui-ci, le voyage consiste en un repli profond sur soi-même : c'est au plus profond de soi qu'il faut effectuer le voyage. Car en fait c'est à l'intérieur de soi que chaque personne doit explorer systématiquement ce qui fait son potentiel. Celui à base duquel, tout individu a le noble devoir de définir ses attributions ou sa vocation. Cette approche, retiens-le, constitue un impératif absolu ou la clé d'or pour quiconque veut réussir ou mieux, veut se propulser dans les hauteurs dans n'importe quel domaine de la vie. Il en est ainsi mon fils, parce que personne, ne peut réussir moins encore faire d'exploits, en dehors du champ correspondant à la nature de ses talents ou de son potentiel. Ici, le principe est simple : après avoir exploré ou identifié son potentiel, l'intéressé est condamné à abonder dans un sens spécifique. Précisément, un sens particulièrement accru de créer un ajustement stratégique entre son potentiel et les opportunités correspondantes que lui offre le pays. Pour finir, vous jeunes, vous avez le sacré devoir de croire en vous-même, d'autant plus que vous avez pleinement d'atouts en vous. Voyagez à l'intérieur de vous-même et puisez la mine de valeurs qui sommeillent en vous : mettez-les en valeur et agissez en ce sens pour votre propre compte. Finalement, vous verrez comment la richesse ou le bonheur vont vous sourire. Sur ce, je crois avoir vidé toute ma gibecière mon fils.

Eutaton: Ah ! Grand merci à vous papa, pour ce baptême à l'esprit entrepreneurial que vous m'avez administré. Je vous assure, je ne ménagerai aucun effort quant à mettre tout cet arsenal en œuvre, tout en espérant parvenir assurément aux résultats escomptés.

D'un air dénotant le sentiment d'une mission bien accomplie, lui réplique :

Yâtété : Ne te limite pas à tirer un profit égoïste par rapport à ta prise de notes. Pour moi, tu ferais nettement mieux de porter tous ces outils incubateurs de vocation éclairée appris de moi dans un roman ou une pièce de théâtre. Ainsi, l'ouvrage qui en découlera, je souhaite bien de tous mes vœux que les décideurs publics en charge des questions éducatives, puissent l'inscrire au programme soit de la terminale ou la troisième année de licence. Ceci, afin de permettre aux formateurs de communiquer aux apprenants des astuces managériales. Entendons, des astuces susceptibles de leur permettre de se prendre en charge sinon de se doter du travail après les études sans vraiment perdre la moindre minute en comptant sur l'État ou qui que ce soit.

Après ceci, les deux personnages se disent au revoir et Eutaton rentre à la maison. Tellement que l'entretien avait tiré en longueur, il arrive à la maison au moment où tout le monde dort déjà. Il frappe à la porte, sa mère vient lui ouvrir la porte. Ensuite elle lui sert à manger. Tout en mangeant, il suit la télévision. C'est alors qu'il va apprendre à la dernière édition du journal télévisé, que monsieur Dadji a été jugé et condamné à dix ans de réclusion au motif d'homicide involontaire. Attristé par cette information, il arrête de manger, éteint la télévision et il s'en va dormir.

CHAPITRE 4

L'ASCENSION FULGURANTE

DANS LES AFFAIRES D'EUTATON

Trois semaines après qu'Eutaton a digéré l'ensemble des informations mises à sa disposition par Yâtété, il décide de se lancer dans les affaires avec l'argent lui ayant été remis par son père. Précisément, il va ouvrir un restaurant sur une des artères très passante et ce dernier va connaître une forte affluence. Ainsi pour satisfaire sa clientèle, il s'est vu bien obligé de recruter la main-d'œuvre. Au bout d'un certain temps, il en ouvre un autre au centre-ville qui va connaître aussi une forte affluence. Dans la foulée, il ouvre une boulangerie aux pains beaucoup prisés dans toute la ville. De cette façon, sa renommée s'accroît de plus en plus et ses actions ou entreprises gagnent toute la ville. Cela lui permet d'acquérir un terrain en centre-ville et il construit une maison à deux étages. Après quoi, il organise un mariage

103

pompeux auquel ont même assisté plusieurs autorités du pays. Sa richesse va crescendo, jusqu'à ce qu'il devient fort riche.

C'est justement sur cette base que tous les commerçants de Kôlô-kôlô au cours de leur assemblée générale statutaire, vont l'établir comme président de tous les opérateurs économiques. Cette qualité lui a finalement permis de siéger de temps en temps avec les ministres dans le cadre de la prise de certaines décisions relatives à la vie économique du pays. Au bout de dix ans, la grande richesse va lui permettre de racheter dans un contexte post-pandémie du coronavirus, la société Hambouillie. Ensuite, il fait reconduire globalement tous ceux qui y travaillaient autrefois et il a jugé bon de placer son père Pitcho comme directeur général. En plus, il met les gros moyens en jeu pour radicalement changer la situation sociale de son père, partant celle de toute sa famille : tous faisaient dorénavant partie des nantis du pays. La même année où il a racheté ladite société, il est convié par ses partenaires en France pour conclure des marchés. Aussi, voyage-t-il les jours suivants en

France pour échanger de vive voix avec ses partenaires.

Après un séjour en France extrêmement fructueux en termes de contrats signés, de nature à booster sensiblement le rendement de son entreprise Hambouillie, Eutaton regagne son pays. Une heure avant son arrivée, sa femme, ses deux enfants et son chauffeur sont présents à l'aéroport en train de l'attendre. Une poignée de minutes après l'atterrissage de leur avion à huit heures, Eutaton fait son apparition en compagnie d'un autre passager dans le hall, là où sa famille l'attendait. Quand celle-ci l'aperçoit, elle accourt joyeusement pour l'accueillir. Après avoir embrassé sa femme, ses enfants et salué son chauffeur, il demande aux siens de saluer le monsieur qui est à ses côtés. Ensuite, il dit à sa femme **Julia** :

Eutaton: Je te présente monsieur **Apoutchou.**

Julia : Oh, je ne suis pas sûre de le connaître !

Eutaton: Tu as raison, tu ne le connais pas. C'est le fils premier né du voisin qui est en face de papa, que j'ai ramené de France à cause de la mauvaise situation qu'il y endurait.

Julia : Ah, je vois maintenant !

Après ceci, tous vont vers là où le véhicule était garé et ils montent à bord. En cours de route, madame pose cette question à Eutaton :

Julia : En fait chéri, par rapport à la présence de monsieur Apoutchou parmi nous, quelle est donc la direction à prendre ?

Eutaton: Euh, je crois qu'il nous faut d'abord aller à la maison, le temps pour Monsieur Apoutchou et moi de prendre la douche et de nous restaurer. Et c'est à dix-sept heures, que nous l'accompagnerons chez ses parents.

Julia : Excuse-moi chéri de te poser cette autre question en public : le fait de ramener monsieur Apoutchou à cause de la souffrance, c'est bien. Mais, de quoi sera faite sa suite ici pour trancher d'avec son ancienne situation ?

Eutaton: Ne t'en inquiète. Nous en parlerons tout à l'heure à la maison. D'emblée, j'ai résolu de changer sa situation pour qu'il réalise que pour atteindre le bonheur, on n'a pas besoin de se livrer aux gymnastiques doublement périlleuses: de traverser la mer et endurer les souffrances sans fin en Occident.

À mesure qu'ils continuaient à échanger, les voilà déjà à la maison. Ainsi que l'avait dit Eutaton, après s'être lavé et avoir mangé en famille, monsieur Apoutchou est conduit dans la chambre de visiteur pour se reposer. Quant au couple, après être convenu au sujet de leur visiteur, Eutaton monte au deuxième étage dans sa chambre pour se reposer également. C'est à dix-sept heures, que le couple conduit par leur chauffeur, va accompagner leur visiteur chez ses parents. Arrivés là-bas, toute la famille était en effervescence totale, du fait de la libération de leur père après ses dix ans de réclusion. Quand monsieur Dadji voit son enfant, il s'écrie :

Dadji: Oh oh ! Qu'est-ce que je vois là ! Ce n'est pas possible ! Aujourd'hui, je donne totalement raison à ceux qui disent qu'après la joie, vient le malheur. Qu'est-ce que tu es venu gâcher notre fête ! Attends, toi ici ! Qu'est-ce que tu es venu faire ici, toi sur qui je reposais tout mon espoir pour le soutien de toute la famille restée au pays ? La mort de ton petit frère Manné en mer m'avait poignardé, sans doute tu es venu m'achever et m'ensevelir !

Sur ces mots, il tombe au sol en pleurs ainsi qu'il se met à rouler et toute la famille lui emboîte le pas. Ébahis, Apoutchou et le couple venu l'accompagner assistaient impuissamment à cette scène émouvante ! Ainsi monsieur Dadji et sa famille ont pleuré, jusqu'à ce qu'ils n'aient plus de force pour le faire. C'est alors, qu'Apoutchou réussit à les calmer. Ayant pris la parole ensuite, il leur dit :

Apoutchou: Je comprends parfaitement votre état de choc. Sachez si ma présence au pays vous a totalement effondrés, c'est parce que vous êtes ignorants de la misère la plus noire que j'endurais au quotidien en France.

Après ces mots, il marque une pause et les larmes commencent à couler.

Apoutchou : Je vous assure : il s'agissait d'une misère telle que les mots me manquent grandement pour vous la décrire.

En écoutant cela par réflexe, son père s'écrie :

Dadji : Quoi ! Tu es sérieux ?

Apoutchou: Oui papa, je suis très sérieux. Nul n'était ce monsieur ici présent que je considère comme mon ange, vous auriez dû apprendre que je suis mort. Car lorsqu'il m'a rencontré, j'étais au bord de la mer, en train de faire ma dernière prière pour enfin me jeter dans la mer. Mais Dieu soit loué! Il était de passage avec ses amis dans leur voiture, il a eu un réflexe prémonitoire sur ce que j'étais prêt à faire. Alors, il a fait signe au chauffeur de s'arrêter et il a accouru vers moi, me suppliant de ne pas mettre à exécution mon projet macabre. Ainsi, je me suis rendu à lui. M'ayant conduit à l'hôtel cinq étoiles où il était logé ,il s'est mis à me questionner. C'est alors, qu'il va découvrir que j'étais ton enfant. Il m'a dit, c'est inutilement que je me donnais tant de souffrance en France à la quête du bonheur. Ensuite, il m'a fait comprendre que le bonheur par essence est présent dans tout pays. C'est ainsi qu'il m'a non seulement convaincu de rentrer, mais aussi il s'est chargé de me payer le billet pour le retour. Étant rentré au pays, constat fait, je lui ai absolument donné raison. Lorsque je vois le standing dans lequel il nage dans sa vie, quand je vois également le niveau de vie de ses parents en face de nous. Entendez, quand je vois la situation qu'ils ont acquise sur place sans avoir inutilement pris autant de risques que moi, je regrette tout mon temps perdu là-bas.

Sur ces paroles, monsieur Dadji se jette aux pieds d'Eutaton et lui dit :

Dadji: Merci d'avoir sauvé la vie de mon fils, je te serai éternellement reconnaissant. Après ceci, Eutaton prend la parole :

Eutaton: Papa, nous sommes pressés par le temps et nous devons vite rentrer. Cependant, ce que j'aimerais vous dire : nous sommes simplement venus vous présenter votre enfant en guise d'information qu'il est déjà rentré au pays. Au reste nous rentrons avec lui, il sera logé dans une de mes maisons au centre-ville. Ensuite, à partir de la semaine prochaine, nous avons résolu de l'envoyer comme directeur départemental de la succursale de notre entreprise Hambouillie.

Ému de joie, monsieur Dadji lève ses mains vers le ciel, déclarant :

Dadji: Ô Dieu ! Merci infiniment pour l'ère du bonheur que tu as décidé de dérouler dans ma famille.

Eutaton: Bien ! Papa, nous voulons rapidement aller saluer ma famille de l'autre côté, avant de rebrousser notre chemin.

En partant toute la famille d'Apoutchou les accompagne. Arrivés chez Pitcho, après la séquence d'accolades et d'échange de nouvelles, monsieur Dadji prend la parole pour faire son mea culpa par rapport à ses agissements le jour où son fils Manné est décédé. Après que tout est rentré dans l'ordre, Eutaton et sa délégation regagnent leur véhicule et rentrent à la maison. Comme prévu, la semaine prochaine monsieur Apoutchou est affecté à son lieu de travail.

Deux ans plus tard, il avait maintenant beaucoup d'argent. C'est ainsi qu'il parvient par la suite, à améliorer sensiblement la condition de ses parents. Ils vivaient dorénavant non seulement dans l'aisance, mais aussi dans le regret permanent d'avoir envoyé inutilement leur enfant à la mort dans la mer, alors que le bien-être était accessible sur place. Ainsi, il est arrivé dans la suite de temps que monsieur Apoutchou, crée une association à vocation de dissuader les jeunes candidats à l'immigration clandestine. Il n'hésitait pas un seul instant à sacrifier sa fortune, pour mener des actions y relatives. Pour rendre son message intense, il s'appuyait fondamentalement sur son propre témoignage, c'est ainsi que l'écho de son message partait non seulement loin mais aussi, il donnait les résultats bien satisfaisants au milieu des jeunes.

Dans le même temps, Eutaton organise des conférences hautement prisées à l'échelle nationales. Ce faisant, il ne cessait de faire prendre conscience à la jeunesse sur le sens des affaires, comme véritable clé de création de la richesse ou du bien-être. Aussi, il s'appuyait sur son témoignage patent, ce qui faisait que son discours dénotait une résonnance particulière et portait des fruits escomptés au milieu des jeunes. Ses enseignements à un credo, qu'il affirme sans cesse à ses apprenants. Celui-ci consiste à dire aux jeunes : donnez-vous de la valeur en affinant votre potentiel et vous verrez tous ceux qui vous déconsidéraient à commencer par votre environnement immédiat, nos dirigeants y compris les Occidentaux, finiront par vous ouvrir grandement leurs portes.

Comme ses conférences prennent de plus en plus l'ampleur, Eutaton décide finalement de créer une école. Une école de portée africaine dédiée à la formation des jeunes. Il a fallu trois ans pour la réalisation des travaux de cette école. Aujourd'hui c'est le jour j'y, le jour de son inauguration. Très tôt le matin l'enceinte de l'école est noire de monde. Plus tard, aux environs de neuf heures le maitre de la cérémonie prend la parole et lance le début de l'évènement. Après quoi, poursuivant son propos, il fait appelle à Eutaton pour prononcer son mot de circonstance. Pendant que celui-ci réjouit le modérateur à l'estrade, toute la foule acclame vigoureusement. Comme le modérateur lui passe le témoin, Eutaton se racle d'abord la gorge pour s'éclaircir la voix, puis il aborde son propos en ces termes :

Eutaton : Mes dames, mesdemoiselles et messieurs, j'ai vraiment honneur de prendre la parole devant vous en ce jour spécial. Comme vous êtes censés le savoir, nous sommes si nombreux réunis en ce lieu pour le compte de l'inauguration de mon école de référence. Aussi, permettez-moi avant tout, mes dames, mesdemoiselles et messieurs d'honorer un homme. Celui notamment sans lequel, notre cérémonie d'aujourd'hui n'aurait pas dû se tenir. Entendez, un homme qui m'a sauvé de justesse de la mort et qui m'a façonné jusqu'à donner à ma vie son éclat radieux actuel.

Au terme de cette introduction, Eutaton appelle prosodiquement Yâtété à le rejoindre à l'estrade. Comme celui-ci répond à cette invitation, toute la foule acclame au rythme de ses pas. Puis, il s'ensuit une séquence d'accolade chaleureuse entre les deux personnages. Au bout du compte, Eutaton remet à son invité le titre parcellaire d'une maison à deux étages située au cœur de la ville, comme présent de la reconnaissance vis-à-vis de de personne précitée. Après cette séquence assez mouvementée, Yâtété regagne joyeusement sa place sous les applaudissements de la foule. Ainsi, poursuivant son propos, Eutaton déballe son mot de circonstance. D'un ton très éloquent, affirme :

Eutaton : L'ouverture d'une école n'est pas un fait banal. Cela vaut plutôt une vison accomplie et représente une chose de portée bien significative. C'est essentiellement un élément de plus dans le paysage et le renforcement du système éducatif national ou sous régional. Sans doute cette approche est un enjeu majeur. Car la première marche de l'égalité humaine, c'est l'entrée dans la scolarité. Que vaut l'homme sans la formation et la compétence. Comme quoi, la formation est le piédestal du vrai sens de notre humanité. C'est justement dans le souci de répondre à ce besoin, que mon école a été créée. Aussi, nous voulons profiter de ces instants, pour lancer un vibrant appel à toutes les couches sociales à venir se faire inscrire massivement. Le personnel hautement qualifié de notre établissement ne ménagera pas d'efforts, pour vous assurer une formation efficace et compétitive. C'est ici le lieu pour moi d'adresser ce message spécifique à l'ensemble des jeunes : sachez que vous incarnez l'avenir resplendissant de notre monde de demain. Pour cela, ayez donc confiance en vous, chacun de vous engorge la valeur spécifique et utile pour décoller dans la vie. La clé de votre succès dans la vie consiste à exploiter utilement ou productivement cette valeur. Pour ce faire, vous avez vraiment besoin de vous faire former. Car, la formation est un excellent cadre d'acquisition des outils à incubation de votre potentiel et de votre vocation à nager dans le bien-être. Je vous en appelle à un élan accru de lucidité à appréhender cette philosophie. À cet égard, je vous invite d'ores et déjà à venir vous inscrire dans votre école. À terme, vous saurez assurément comment manier votre vocation dans la création de richesse et la quête du bonheur. Sur ce, je déclare ouverte cette école à caractère prestigieux dédiée à votre formation. Je vous remercie.

Comme il met un terme à son propos, il s'élève de l'auditoire un bruit assourdissant d'acclamation marquant la fin de la cérémonie. Depuis cet établissement œuvrait fortement et méthodiquement à affranchir ses apprenants de toute approche stéréotypée considérant l'occident comme l'Eldorado ou la panacée à leur souffrance. Ainsi, ils étaient tous portés à un sens combatif et ingénieux à explorer les contours menant à une vie réussie. Aussi, la notoriété dudit établissement allait partout et les jeunes gens venaient de tous les coins d'Afrique. Au fil du temps, il atteint un degré de notoriété sans pareil, tant ses étudiants avaient la réputation de détenir la clef de percer dans la vie. Cela redynamisait toute la jeunesse à l'idée qu'il est possible de réussir brillamment sa vie en Afrique, sans chercher périlleusement à aller en occident.

© 2024 Ulrich ONGANIA
Édition : BoD · Books on Demand,
31 avenue Saint-Rémy, 57600 Forbach,
bod@bod.fr
Impression : Libri Plureos GmbH,
Friedensallee 273, 22763 Hamburg
(Allemagne)
ISBN : 978-2-3225-7483-4
Dépôt légal : Mars 2025